ANNE-PIA GODSKE RASMUSSEN

SACS ET ACCESSOIRES

D'ANNE-PIA

PHOTOGRAPHIE: CLAUS DALBY

l'inédite

collection *Atelier du fil*

L'univers enchanteur d'Anne-Pia
par Anne-Pia Godske Rasmussen

L'arche de Noé d'Anne-Pia
par Anne-Pia Godske Rasmussen

Les appliqués brodés de Lucie
par Delphine Mongrand

L'édition originale est parue en danois sous le titre
"Hånd I Hanke - Sy og quilt"

Cette édition est publiée grâce au concours
de Claudia Böhme, Rights & Literary agency,
Hannover, Allemagne (www.agency-boehme.com)

© L'inédite
6, rue Deguerry
75011 Paris
Tél : 01 40 21 35 42
www.editionslinedite.com

traduction du danois
Ludivine Verbeke

isbn : 978-2-35032-163-9

achevé d'imprimé en juillet 2009
sur les presses de l'imprimerie Stige en Italie

dépôt légal
3e trimestre 2009

SOMMAIRE

Merci à STOF & STIL pour le tissu et les fournitures

Merci à Trine Bakke d'avoir partagé l'idée originale pour la couture des fermetures à glissière

BOUTIQUES EN LIGNE

www.amybutlerdesign.com
www.stofogstil.dk
www.butikenannalunda.se
www.lappemakeriet.no
www.quiltegaarden.com
www.kathrinesquiltestue.blogspot.com

PRÉFACE

Aussi incroyable que cela paraisse, cet ouvrage est le dixième que je rédige ! Lorsque mon premier livre est paru, il y a une décennie, je n'aurais jamais pu imaginer que tant d'autres titres suivraient ; je suis extrêmement reconnaissante envers mes fidèles lecteurs. J'ai même la chance de rencontrer certains d'entre eux lors des cours que je dispense dans divers lieux, ils ne manquent pas de me faire part de leur intérêt constant pour de nouvelles sources d'inspiration.
La recherche et l'élaboration de pièces originales s'étendent souvent dans la durée, parfois, les couleurs et les motifs d'un tissu influencent fortement le choix du modèle final. Dans ce livre, les étoffes de style rétro, très présentes, ont été le point de départ de l'ambiance générale.
La plupart de ces tissus sont disponibles sur Internet, vous trouverez les adresses des sites à la page ci-contre.
J'ai également joué avec les surpiqûres et le quilting à la machine, car je trouve que ces techniques d'ornementation se prêtent à la forme plutôt basique des modèles, sans exiger toutefois trop de temps.
La création de nouveaux modèles occupe la majeure partie de mon quotidien. Je puise essentiellement mon inspiration dans des choses que j'ai observées, il y a longtemps parfois, et qui ressurgissent soudainement de ma mémoire. Il s'agit par exemple d'un petit porte-monnaie et d'une bourse, tout deux en cuir, que j'ai découverts il y a de nombreuses années.
Je les ai transformés en un porte-monnaie carré, présenté à la page 74 et en une bourse ronde visible page 78.
L'ouvrage présente diverses formes de sacs, de cabas ou de pochettes, dont la plupart sont très simples à réaliser ; seuls la sacoche à ordinateur (page 82) et la besace (page 86) sont composés de plusieurs parties et nécessitent donc un travail plus conséquent, qui ne doit toutefois pas vous décourager.
Je cherche constamment à apporter des finitions originales, et il arrive que je découvre des techniques qui me séduisent et que j'adapte à mes modèles. Dans un de ses ouvrages, Trine Bakker, créatrice textile, livre les explications d'un joli détail permettant de couvrir les extrémités d'une fermeture à glissière. Grâce à l'aimable autorisation de l'auteur, vous trouverez les étapes de cette finition à la page 12. Ainsi, vous apporterez une touche à la fois décorative et pratique à vos sacs, et vous pourrez utiliser les morceaux de fermetures à glissière jusqu'alors trop courts et oubliés au fond d'un tiroir. Ce sont ces petites astuces qui rendent la couture aussi plaisante.

En vous souhaitant d'heureux moments de couture,

Anne-Pia

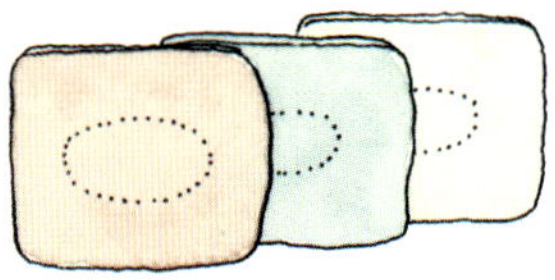

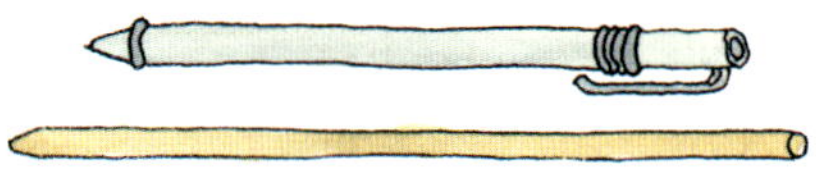

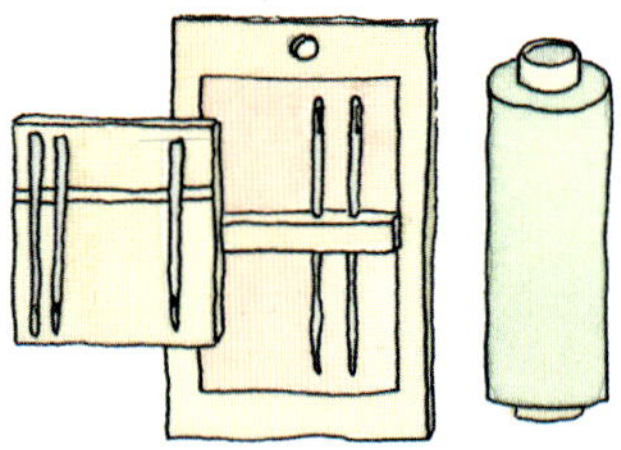

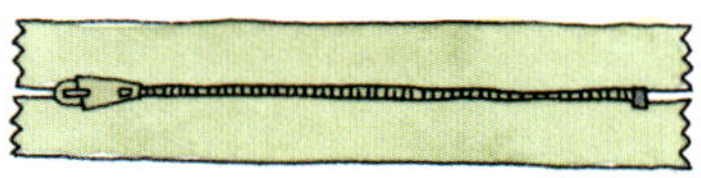

FOURNITURES

CISEAUX ET KIT DE COUPE

Réservez la paire de ciseaux à tissu pour découper les tissus, utilisez une paire de ciseaux classiques pour découper les pièces du patron.
Un kit de coupe, composé d'un tapis de coupe, d'une règle et d'un cutter rotatif, permet d'effectuer un travail de précision pour la mesure et l'alignement des bords.

CRAYON OU CRAIE DE TAILLEUR

Pour reproduire les pièces du patron sur le tissu, utilisez un crayon lavable ou une craie de tailleur, les marques s'effaceront au fur et à mesure de la couture ou au lavage.

RETOURNE-BIAIS

Un morceau de bois (petit tuteur) légèrement taillé à une extrémité, permet de donner une forme aux coins.

FIL ET AIGUILLES

Pour la machine à coudre, on utilise en général une aiguille n° 70 ou 80, dans le cas de tissus plus épais ou lorsque la doublure est rigide, choisissez une aiguille n° 90 ou 100.
Pour réaliser du quilting à la machine, il existe des aiguilles spéciales, demandez par exemple conseil dans la boutique où vous avez acheté votre machine.
Réglez la longueur du point à 2,5 dans la plupart des cas, augmentez à 3 lorsque le tissu ou la doublure sont épais.
Le choix du fil est une question de goût. Je sais par expérience qu'un fil synthétique de bonne qualité se prête à tous les usages ; l'essentiel étant de choisir un fil dont le coloris est parfaitement assorti au tissu. Pour le quilting, un fil mélangé correspondant aux couleurs du tissu peut produire un effet original. Les surpiqûres et le quilting à la machine offrent un joli résultat lorsque la longueur du point est réglée à 3,5 ou 4 ; essayez également le fil de soie ou un fil de coton de bonne qualité pour des finitions élégantes.
Pour l'assemblage à la main, choisissez une aiguille à coudre n°9 ou 10, et choisissez le fil en fonction de son coloris.

TISSU

Là encore, c'est une affaire de goût. Choisissez le tissu qui vous plaît, et qui sera approprié au modèle. Dans ce livre, j'ai utilisé du tissu de coton ou de lin qui soit solide et lavable. Le lin peut être difficile à travailler, car c'est une matière vivante ; il est conseillé de couper les pièces dans le droit fil et d'essayer de maintenir le sens du fil.
Pour confectionner le sac à provisions de la page 46, il est recommandé de choisir un tissu peu épais mais résistant ; les modèles présentés ont été réalisés en toile cirée légère.

ENTOILAGE
L'entoilage permet de renforcer les tissus les plus légers lorsqu'ils sont associés à des tissus plus lourds. Il en existe de qualités et d'épaisseurs variées. Dans le cas de la bourse ronde, page 78, on utilise de l'entoilage souple comme molleton.

VISELINE
Il existe différentes qualités de viseline. La viseline thermocollante est particulièrement pratique, car il suffit de la repasser sur l'envers du tissu pour la fixer. Dans ce livre, la viseline épaisse joue souvent de rôle de molleton, où elle permet aussi de maintenir les pièces en place. On utilise également de la viseline épaisse pour rigidifier certains modèles. Ainsi, les porte-monnaie des pages 62 et 74 sont plus solides et gardent leur forme grâce à l'usage de viseline d'épaisseur moyenne ; et les corbeilles présentées à la page 59 sont stabilisées en intercalant un morceau de viseline épaisse entre le tissu et la doublure.

OUATE DE CELLULOSE
Ce matériau est un revêtement conçu pour l'isolation. On l'utilise dans ce livre pour rigidifier certaines pièces, comme le cabas, page 39, qui peut ainsi tenir debout sans maintien particulier.

MOLLETON
Utilisé en quilting, le molleton est disponible en différentes épaisseurs. Pour confectionner les sets de table de la page 14, choisissez un molleton de 2 cm d'épaisseur environ pour mettre en valeur le motif quilté.

RUBAN AGRIPPANT
Largement commercialisé par la marque Velcro, le ruban agrippant est composé de deux bandes : l'une comportant les crochets, l'autre le velours, et qui forment un système de fermeture. Chaque bande est cousue sur un côté de la pièce, en pressant les bandes l'une contre l'autre, on ferme la pièce, et en tirant sur une bande, on ouvre la pièce.

FERMETURE À GLISSIÈRE
Les qualités sont diverses ; dans ce livre, on utilise généralement des fermeture à glissière spirales (les plus courantes) de 4 mm. Pour réaliser la besace de la page 86, utilisez une fermeture à glissière plus résistante et légèrement plus large.
Les dents peuvent être en plastique ou en métal, à vous de choisir ! Les fermetures à dents en plastique présentent un avantage : il est possible de coudre sur les dents, avec prudence toutefois.

MOUSQUETON ET ANNEAUX PORTE-CLEFS
Ces éléments existent en différentes tailles et qualités. Pour fabriquer l'étui d'appareil photo ou de téléphone, page 66, ou la bandoulière, page 70, choisissez un mousqueton de 2,5 x 4 cm environ et un anneau de 2,5 cm de diamètre.

ŒILLETS
Les œillets sont disponibles dans les boutiques spécialisées, au rayon des accessoires, ils sont couramment vendus avec l'outil de fixation approprié. Un œillet est composé d'une matrice (« encolure ») et d'une rondelle plate. Percez éventuellement un trou dans le tissu à l'aide d'un poinçon avant de poser l'œillet. Pour fixer la matrice et la rondelle, posez le tissu sur un support solide et frappez avec un marteau assez grand ou serrez les pièces avec un pince appropriée.
Lorsque vous devez poser un œillet plus large, cousez quelques lignes de petits points très près du cercle de repère pour éviter que le tissu ne s'effiloche.

TECHNIQUES DE COUTURE

PATRONS ET DIMENSIONS DES COUPONS

Les pièces des patrons comportent un surplus de couture de 7,5 à 8 mm, égal à une largeur de pied machine. Si vous avez l'habitude de réserver un surplus de couture plus large, les mesures données par les patrons risquent d'être trop petites.
L'expression « coudre à une largeur de pied machine » signifie qu'il faut placer le tissu sous le pied presseur en alignant précisément le bord du tissu avec le côté droit du pied.

BÂTI SPÉCIAL

Pour replier un surplus de couture sur l'envers, préparez une couture de bâti, voir ill. 1. Ceci est le cas pour la fabrication des sets de table, page 14, où le bord est courbé, et où le surplus de couture doit donc être replié avec précision. Cousez le bâti en réglant la longueur du point à 4 ou 5, et de façon à ce que la couture puisse être ôtée facilement. Repliez le surplus de couture sur l'envers, le bâti, situé tout en haut du pli, sera dissimulé par la fermeture au point glissé.

1

BANDE DE BIAIS

La largeur d'une bande de de biais est généralement de 4 à 5 cm, elle doit être 1,5 à 2 cm plus longue que le bord qu'elle est destinée à couvrir.

- Placez la bande de biais endroit contre endroit sur la doublure puis piquez à une largeur de pied machine, voir ill. 2.
- Repliez le surplus de couture sur la bande, repliez les extrémités vers

2

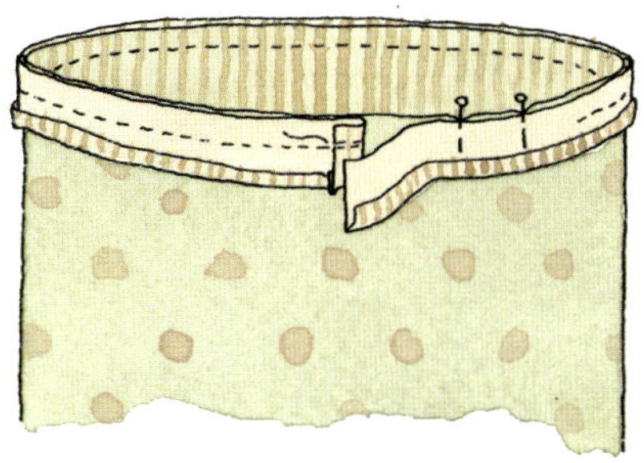

3

l'intérieur puis repliez enfin la bande sur la doublure, en enfermant les surplus de couture, la couture doit être soigneusement dissimulée. Piquez au point glissé, comme indiqué à droite de ill. 2.

Si la bande de biais est cousue sur un bord haut, repliez une extrémité de la bande sur l'envers. À l'endroit de jonction des deux extrémités, prévoyez 1 cm de superposition, voir ill. 3.
Ensuite, repliez le surplus de couture, puis repliez la bande tout autour du bord, et piquez au point glissé en dissimulant la première couture.

QUILTING À LA MACHINE
Reproduisez le motif à quilter sur le tissu avant de placer le molleton. Pour tous les modèles du livre, choisissez un point de couture classique et réglez la longueur du point à 4.
Pour obtenir un résultat soigné, choisissez un fil à quilter solide que vous placerez à la fois dans la canette et dans la bobine. Pour les motifs courbés, stoppez la couture avant la courbe en laissant l'aiguille enfoncée dans le tissu, levez le pied presseur, tournez l'ensemble de la pièce, rabaissez le pied et continuez le quilting. Faites passer les queues de fil sur l'arrière de la pièce, sécurisez par un nœud de quilt.

POINT GLISSÉ
Ce point est utilisé pour coudre les ouvertures, ou pour assembler deux pièces, voir ill. 4.

NŒUD DE QUILT
Nouez deux ou quatre queues de fil à 1 cm environ du tissu. Enfilez les queues dans le chas d'une aiguille. Piquez l'aiguille à l'endroit où les queues ressortent, puis passez-la dans le molleton. Ressortez-la 2 à 3 cm plus loin, voir ill. 4, en insérant d'un coup sec le nœud dans le molleton. Coupez les queues de fil au ras du tissu.

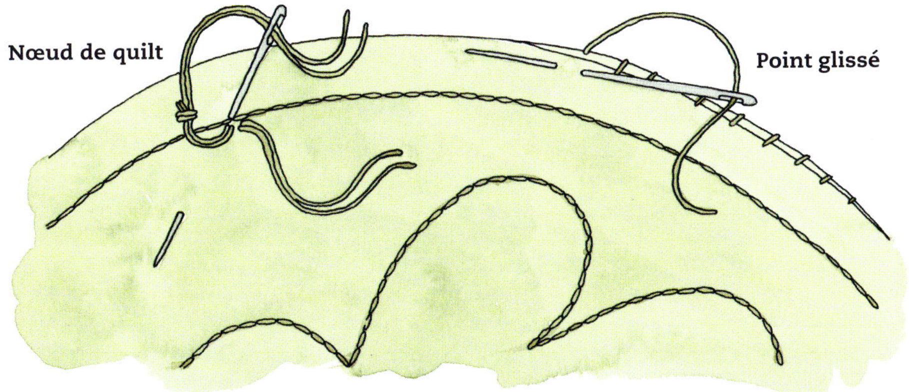

4

BANDE

- Coupez le tissu aux dimensions indiquées.
- Pliez le tissu et piquez à 1 mm du bord comme indiqué ill. 1.

ANSE AVEC CORDON

- Coupez le tissu aux dimensions indiquées par le modèle.
- Pliez comme indiqué ill. 1.
- Piquez le long du pli, et faite une seconde couture le long de l'autre côté de la bande.
- Enfilez un cordon pour passepoil dans l'anse à l'aide d'une petite épingle à nourrice.
- Enfilez l'anse dans le sac et assemblez les extrémités par une pièce de tissu repliée, voir ill. 2. Piquez la pièce sur l'anse au point glissé, voir page 9.

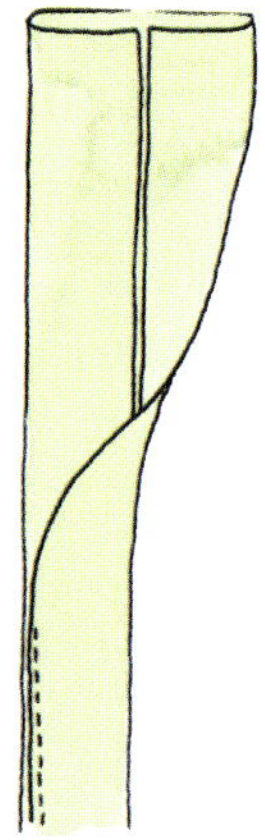

1

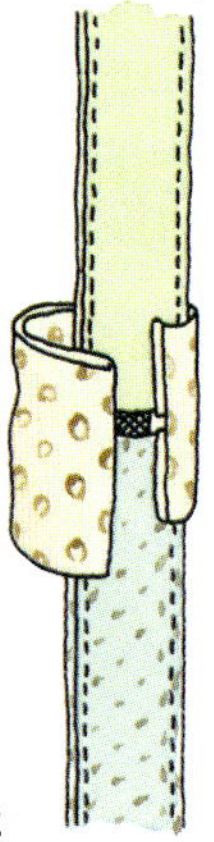

2

PLIS ET NERVURES

Selon la longueur du surplus des nervures, la pièce finie prendra une forme différente. Pour chaque modèle comportant des nervures, le surplus est inclus dans les dimensions des coupons.

- Coupez le tissu aux dimensions indiquées.
- Marquez tous les intervalles entre les nervures sur l'envers du tissu à l'aide d'une aiguille épaisse et d'une règle, voir ill. 3.
- Pliez le tissu envers contre envers le long de chaque repère.
- Piquez sur l'endroit en respectant la largeur de la nervure indiquée dans les explications du modèle, voir ill. 4. Pour un résultat soigné, déterminez un repère sur le pied presseur que vous suivrez au moment de la couture.
- Ajustez éventuellement la forme de la pièce une fois les nervures ou les plis cousus. Pour maintenir les coutures en place, piquez à l'horizontale, en travers des plis ou des nervures, à une largeur de pied machine.

La réalisation des plis ronds du coussin présenté page 21 est expliquée dans le modèle ; les nervures du coussin de la page 22 sont cousues avec une aiguille double, les explications figurent dans le modèle.

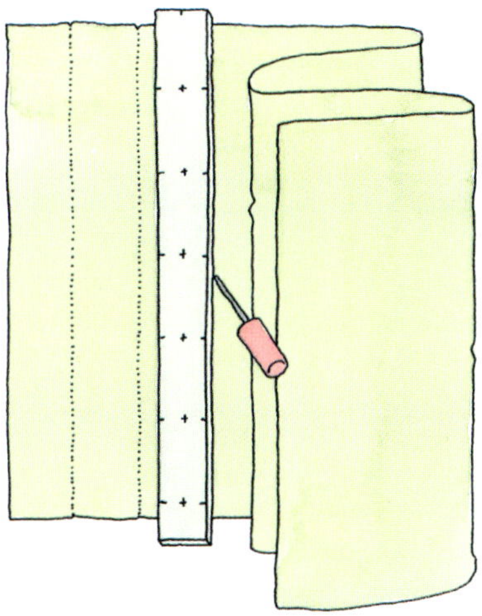

3

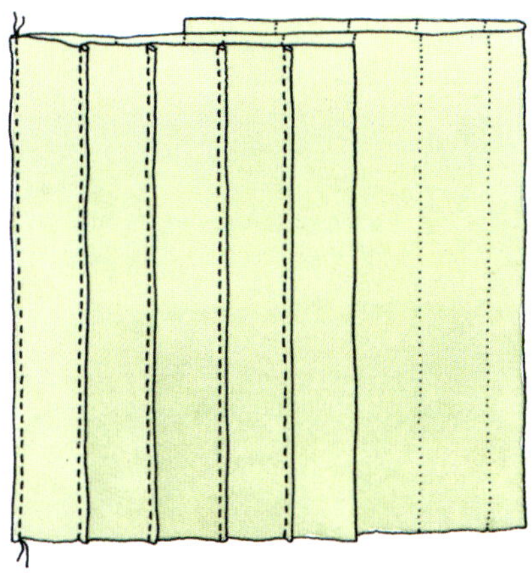

4

FINITIONS POUR UNE FERMETURE À GLISSIÈRE

Cette technique consistant à coudre les extrémité d'une fermeture à glissière présente deux avantages. Tout d'abord, la fermeture est légèrement décalée de la couture de côté, et il est ainsi plus facile de retourner la pièce et de former joliment le coin. Enfin, si la fermeture à glissière est légèrement trop courte pour la pièce, cela permet de l'allonger à la dimension voulue.

- Coupez deux pièces de tissu dont la largeur est double de celle de la fermeture, plus 2 cm, et à la longueur indiqué dans la liste des fournitures.
- Pliez le tissu endroit contre endroit, piquez à une largeur de pied machine et ouvrez la couture au fer à repasser de sorte qu'elle soit placée au milieu du rouleau.
- Enfilez un rouleau à chaque extrémité de la fermeture, puis tirez la navette jusqu'au milieu de la fermeture, voir ill. 1.
- Piquez le premier rouleau à une largeur de pied machine, comme indiqué à la gauche de l'ill. 1.
- Préparez la longueur souhaitée pour l'ouverture, et piquez le second rouleau.
- Retournez les rouleaux sur l'endroit, voir ill. 2.

POSE D'UNE FERMETURE À GLISSIÈRE

Préparez les finitions avant la pose, en suivant les instructions précédentes. Déterminez l'avant du modèle, et la direction dans laquelle la navette sera tirée lors de l'ouverture.

- Placez la fermeture sur le tissu extérieur endroit contre endroit, puis placez la doublure sur le tissu endroit contre endroit, voir ill. 3.
- Piquez à une largeur de pied machine. Retournez sur l'endroit puis repassez au fer, de sorte que le tissu extérieur soit aligné avec les dents de la fermeture. Tendez bien la doublure à l'écart de la fermeture, puis repassez au fer.
- Faites une surpiqûre, voir ill. 4.
- Piquez l'autre côté de la fermeture sur le tissu et la doublure en répétant les étapes précédentes.

ENVELOPPE

Comme la cerise sur le gâteau, vous pouvez coudre une petite enveloppe autour de la tirette, en utilisant une chute de tissu. Cette enveloppe peut prendre une forme carrée, comme illustré ci-contre.

- Pliez le tissu comme indiqué ill. 5.
- Enroulez le tissu pour former un rouleau.
- Piquez au point glissé, voir ill. 6. Placez ce rouleau sur la tirette de la fermeture puis piquez.

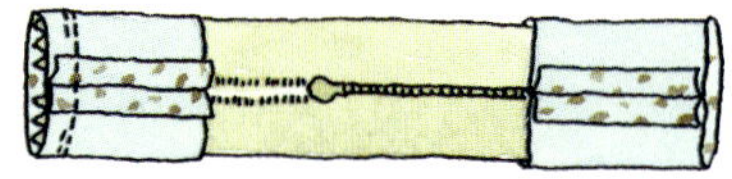
1

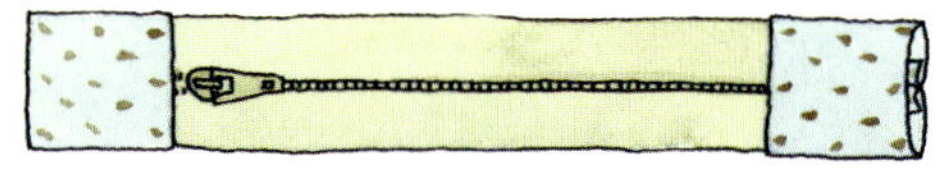
2

3

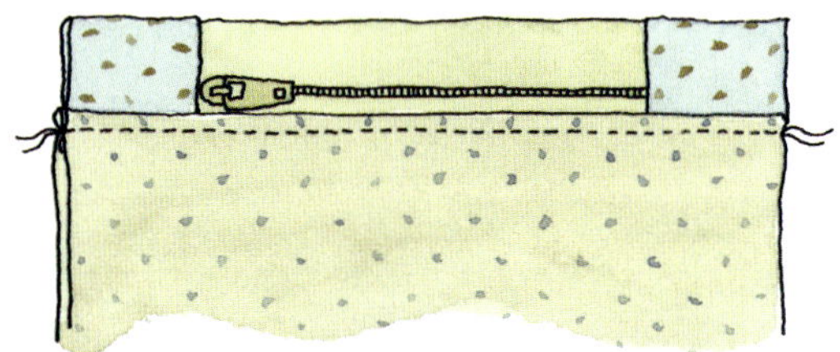
4

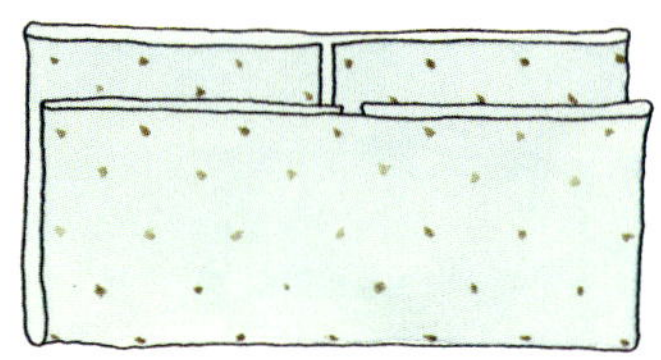
5

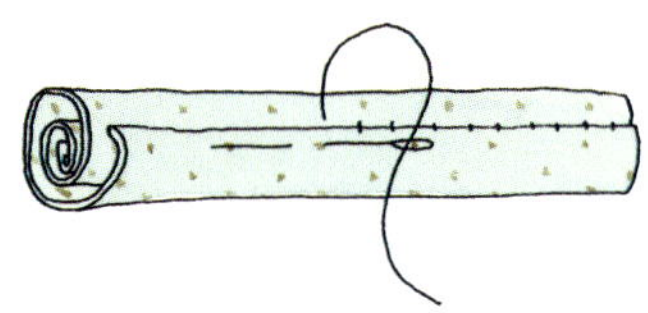
6

SETS DE TABLE

Ces sets de table sont quiltés à la machine, le molleton de 2 cm d'épaisseur est composé de ouate. Reproduisez le motif de votre choix, puis quiltez sur la face arrière du set, ainsi, les lignes seront plus visibles sur l'avant. Ce modèle n'est pas nouveau, mais il permet de tester différents motifs et différentes épaisseurs de lignes. Vous trouverez en premier lieu les instructions pour la fabrication d'un set, puis les explications pour réaliser chaque motif. Pour mettre en valeur le quilting, utilisez un fil à quilter mélangé, plus solide, à la fois pour la canette et la bobine de la machine. Le patron figure à la page 91.

- Placez le tissu de la face avant et celui de la face arrière endroit contre endroit et tracez un cercle de 40 cm de diamètre.
- Placez le molleton sous ces deux pièces et découpez en suivant le tracé.
- Reproduisez le motif à quilter sur la face arrière, à 1,5-2 cm du bord.
- Prévoyez une ouverture de 12 cm environ et préparez un bâti (voir page 8) au niveau de cette ouverture, sur chaque face, en laissant 5 mm de surplus de couture.
- Placez la face avant et la face arrière endroit contre endroit puis piquez en laissant 5 mm de surplus de couture, sauf au niveau de l'ouverture.
- Retournez sur l'endroit, pliez le surplus de couture sur l'envers en dissimulant le bâti de l'ouverture.
- Quiltez un cercle tout autour le long du bord du set à une largeur de pied machine.
- Rentrez les queues de fil et sécurisez par un nœud de quilt, voir page 9.

FOURNITURES

Tissu, face avant et arrière	2 coupons de 41 x 41 cm
Molleton léger	41 x 41 cm

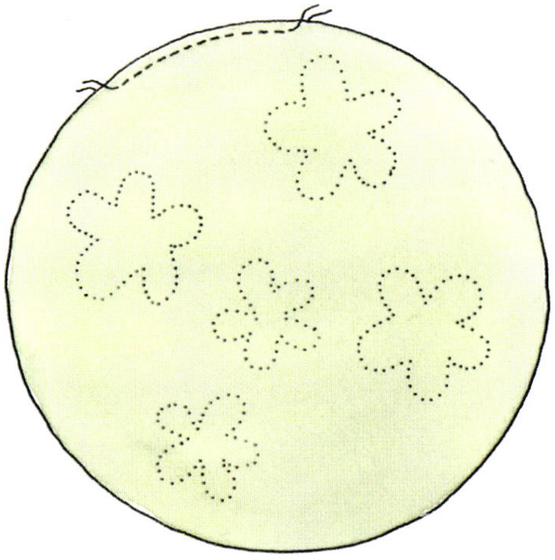

FLEURS DANS L'EAU

Reproduisez les fleurs sur le tissu, comme si elles venaient de tomber. L'intervalle moyen entre les lignes de quilting est de 5 mm, mais le motif semble plus dynamique si cet intervalle varie par endroits. Essayez d'interrompre la couture le moins souvent possible.

- Reproduisez quatre ou cinq fleurs en suivant le patron page 91, les fleurs les plus excentrées doivent être placées à 2 cm environ du bord, voir ill.
- Piquez en suivant les explications de la page 14. Vous pouvez éventuellement quilter un cercle qui suive la couture du premier cercle.
- Commencez par quilter une fleur, et lorsque vous parvenez au point de départ, continuez le quilting en dessinant des lignes libres autour de cette fleur.
- Quiltez autant de courbes que nécessaire pour gagner la deuxième fleur.
- Quiltez cette nouvelle fleur, ainsi que quelques courbes autour d'elle, n'oubliez pas de quilter des lignes en suivant le cercle extérieur.
- Continuez ainsi jusqu'à remplir le set.
- Rentrez les queues de fil et sécurisez par un nœud de quilt.

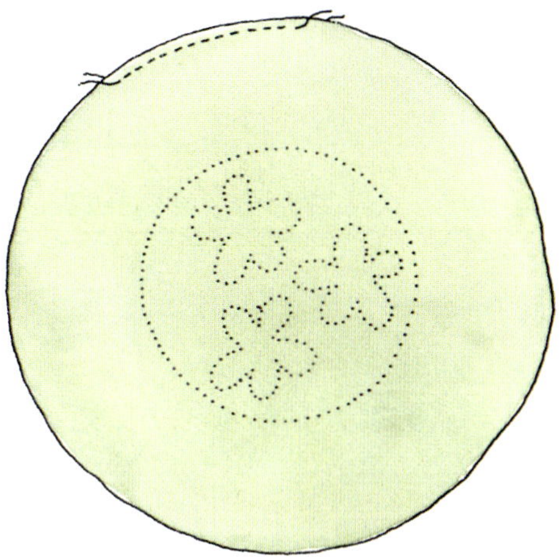

FLEURS ENCADRÉES

Reproduisez les fleurs à l'intérieur d'un cercle central de 20 cm de diamètre environ.

- Tracez un cercle au milieu du tissu, puis dessinez trois ou quatre fleurs à l'intérieur, voir ill.
- Confectionnez le set en suivant les explications de la page 14.
- Quiltez tout d'abord les fleurs.
- Quiltez ensuite le cercle extérieur. Commencez à une largeur de pied machine, puis continuez en spirale jusqu'à ce que le cercle intérieur soit quilté.
- Rentrez les queues de fil et sécurisez par un nœud de quilt.

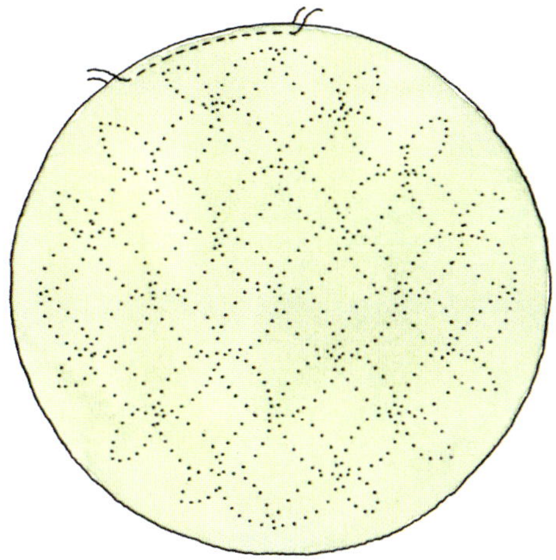

ROSACES

Ces rosaces sont formées en quiltant plusieurs petits cercles entrelacés. Si le motif ne remplit pas le set, dessinez à main levée les rosaces de sorte que les pointes touchent le cercle extérieur.

- Reproduisez des petits cercles d'un diamètre de 9 cm environ chacun. Entrelacez les cercles, voir ill.
- Confectionnez le set en suivant les explications de la page 14.
- Commencez le quilting à un point d'intersection de deux cercles, essayez d'interrompre le moins souvent possible la couture.
- Quiltez ainsi tous les cercles.
- Rentrez les queues de fil et sécurisez par un nœud de quilt.

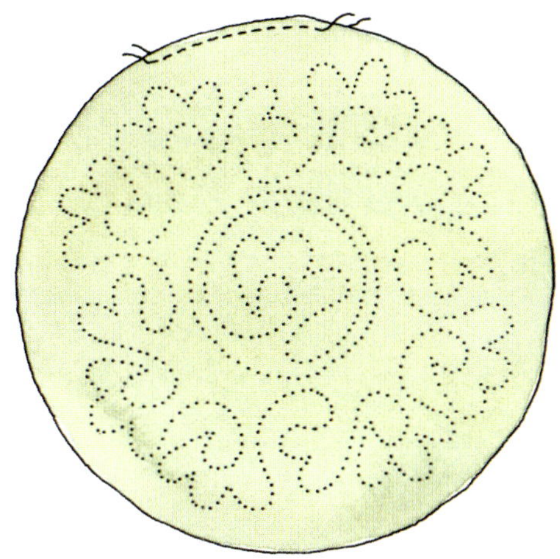

PLANTE GRIMPANTE

Le patron page 91 ne couvre qu'un quart du set ; divisez donc le set en quatre parties égales.

- Reproduisez le patron dans chacune des quatre parties, à 2 cm environ du bord.
- Tracez un cercle au milieu du motif final, et reproduisez une seule fleur à l'intérieur.
- Confectionnez le set en suivant les explications de la page 14.
- Quiltez en suivant les tracés.
- Rentrez les queues de fil et sécurisez par un nœud de quilt.

COUSSINS

Voici un assortiment de coussins aux motifs variés, les techniques utilisées sont le quilting, l'assemblage de bandes en patchwork, les plis et les nervures. Les dimensions des coupons sont calculées pour confectionner la housse d'un coussin de 40 x 40 cm, vous pouvez aisément changer ces dimensions si vous souhaitez garnir un coussin de taille différente. Premièrement, les instructions décrivent la réalisation de la partie centrale de chaque coussin, avec une doublure destinée à cacher les coutures, puis vous apprendrez à confectionner le cadre de ces différents motifs, et enfin, vous trouverez des explications pour l'assemblage à la face arrière, avec une fermeture à glissière.

COUSSIN QUILTÉ

Réglez la longueur du point à 5, et ajustez la tension du fil selon le tissu choisi.

FOURNITURES

Viseline épaisse : 44 x 88 cm
Tissu pour la doublure : 44 x 44 cm
Tissu pour le motif central : 32 x 32 cm
Tissu pour le cadre : 8 x 160 cm

- Pliez la viseline en deux et placez-la sur le tissu pour la doublure. Faufilez toutes les épaisseurs ensemble.
- Sur le tissu central, marquez les lignes de quilting en les espaçant de 1 cm.
- Placez le tissu central au milieu de la viseline, puis quiltez en suivant les lignes. Faites ressortir les queues de fil sur l'endroit, nouez-les puis coupez-les, voir ill. 1.
- Piquez le cadre autour du motif central en suivant les instructions de la page 24.
- Ajustez les bords, de sorte que la pièce mesure 42 x 42 cm.

1

COUSSIN PLISSÉ

Pour coudre les plis, réglez la longueur du point à 3,5.

FOURNITURES
Viseline épaisse : 44 x 88 cm
Tissu pour la doublure : 44 x 44 cm
Tissu pour le motif central : 26 x 55 cm
Tissu pour le cadre : 11 x 140 cm

- Pliez la viseline en deux et placez-la sur le tissu pour la doublure. Faufilez toutes les épaisseurs ensemble.
- Sur l'envers du tissu central, faufilez les lignes de pli en les espaçant de 5,5 cm.
- Pliez le tissu envers contre envers en suivant la première ligne de pli puis piquez à 1,5 cm du pli, voir ill. 2.
- Piquez tous les plis en suivant la méthode précédente.
- Repassez les plis au fer, comme sur ill. 3, puis ajustez la pièce, elle doit mesurer 25 x 25 cm.
- Placez la pièce au milieu de la viseline puis faufilez l'ensemble.
- Piquez le cadre autour du motif central en suivant les instructions de la page 24.
- Ajustez les bords, de sorte que la pièce mesure 42 x 42 cm.

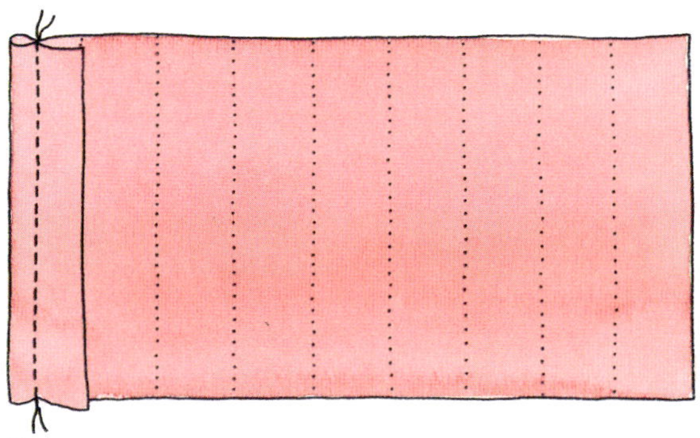

2

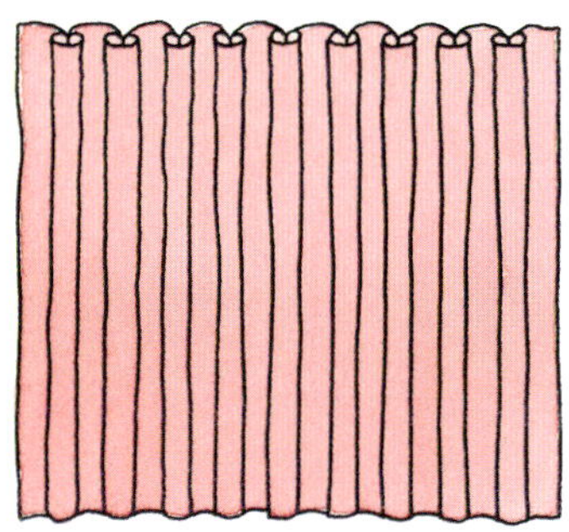

3

COUSSIN NERVURÉ

Les nervures sont cousues à l'aide d'une aiguille double, la longueur du point est réglée à 5. Lorsque toutes les nervures sont piquées, faites ressortir toutes les queues de fil sur l'endroit puis tirez légèrement, les nervures apparaîtront plus nettement.

FOURNITURES

Viseline épaisse : 35 x 100 cm
Tissu pour la doublure : 35 x 50 cm
Tissu pour le motif central : 35 x 50 cm
Tissu pour le cadre, face avant : 8 x 160 cm
Tissu pour le cadre, face arrière: 8 x 160 cm
Viseline épaisse, pour le cadre : 7,25 x 160 cm

- Pliez la viseline en deux et placez-la sur le tissu de la doublure.
- Placez l'envers du tissu central sur la viseline, puis faufilez toutes les épaisseurs ensemble.
- Repérez le milieu du tissu central, puis piquez la première nervure, voir ill. 4. Coupez le fil en laissant 5 cm de queue.
- Continuez à piquer les nervures jusqu'à remplir le tissu central. Laissez un intervalle régulier de 3-4 mm entre les nervures, aidez-vous éventuellement d'un repère sur le pied presseur.
- Tirez légèrement sur les fils situés sous la pièce pour faire apparaître nettement les nervures.

- Sur le contour de la pièce, tracez un carré de 32 x 32 cm. Faites une couture à petits points à l'intérieur du carré, à 5 mm du tracé, pour maintenir l'effet en relief des nervures.
- Coupez la pièce en suivant le tracé du carré.
- Appliquez la viseline sur le tissu pour le cadre de la face arrière, de façon à garnir la pièce centrale.
- Piquez le cadre autour du motif central en suivant les instructions de la page 24.
- Ajustez les bords, de sorte que la pièce mesure 42 x 42 cm.

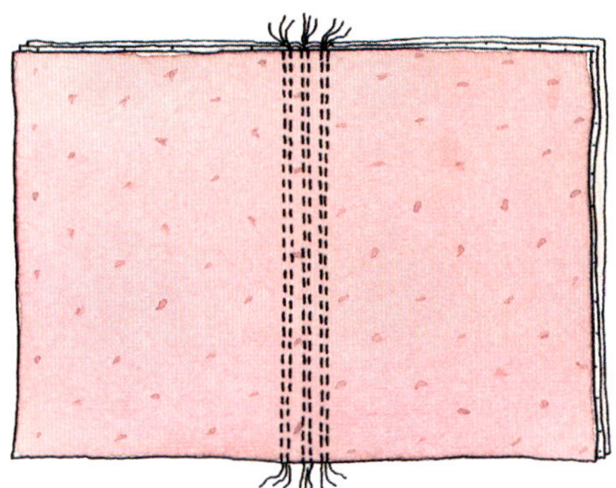

4

COUSSIN EN PATCHWORK

FOURNITURES

Viseline épaisse : 44 x 88 cm
Tissu pour la doublure : 44 x 44 cm
Tissu : 11 bandes de 4 x 27,5 cm
Tissu pour le cadre : 10 x 140 cm

- Pliez la viseline en deux et placez-la sur le tissu pour la doublure. Faufilez toutes les épaisseurs ensemble.
- Placez une bande de tissu sur l'envers de la viseline, au milieu et à égale distance des bords, voir ill. 5.
- Placez une autre bande contre la première, endroit contre endroit, puis piquez à une largeur de pied machine.
- Dépliez la bande et continuez à piquez les autres bandes en suivant la même méthode.
- Piquez le cadre autour du motif central en suivant les instructions de la page 24.
- Ajustez les bords, de sorte que la pièce mesure 42 x 42 cm.

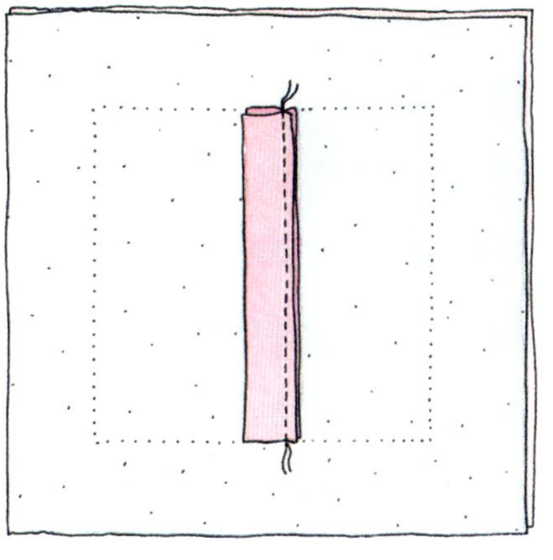

5

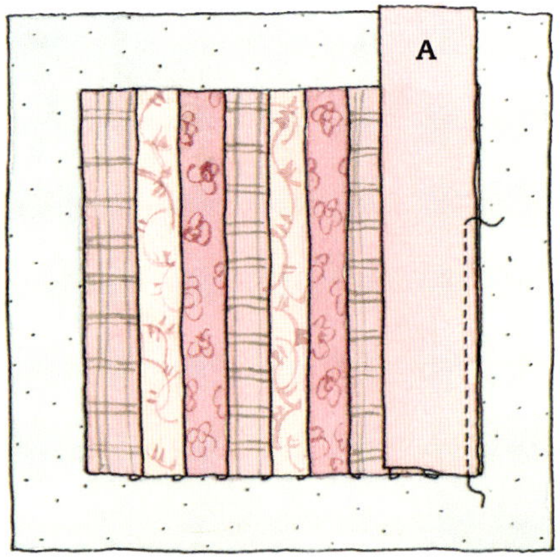

6

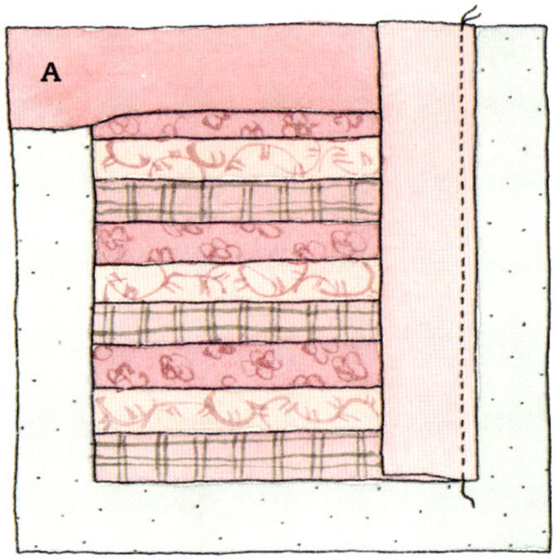

7

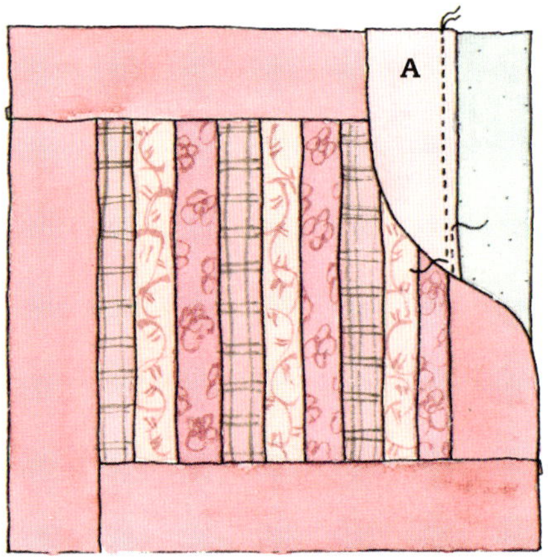

8

CADRE DE LA PIÈCE CENTRALE

Voici les instructions pour coudre un cadre autour de la pièce centrale. Le coussin nervuré présente une variante : il faut ajouter un cadre pour la face arrière, de façon à dissimuler les bords bruts.

- Divisez le tissu pour le cadre en quatre parties égales.
- Placez un morceau de cadre A sur la pièce centrale, endroit contre endroit, voir ill. 6. Dans le cas du coussin nervuré, placez également un morceau de cadre sur la face arrière, endroit contre endroit.
- Piquez à une largeur de pied machine comme indiqué sur ill. 6, puis dépliez le morceau de cadre.
- Tournez la pièce d'un quart, puis placez un autre morceau de cadre endroit contre endroit, voir ill. 7. Piquez à une largeur de pied machine. Dans le cas du coussin nervuré, placez également un autre morceau de cadre sur la face arrière, endroit contre endroit.
- Dépliez le morceau de cadre.
- Piquez les deux morceaux de cadre restant en suivant la même méthode.
- Placez le premier morceau de cadre sur le dernier, endroit contre endroit, puis piquez comme indiqué sur ill. 8.
- Ajustez les bords, de sorte que la pièce mesure 42 x 42 cm, surfilez les bords au point zigzag.

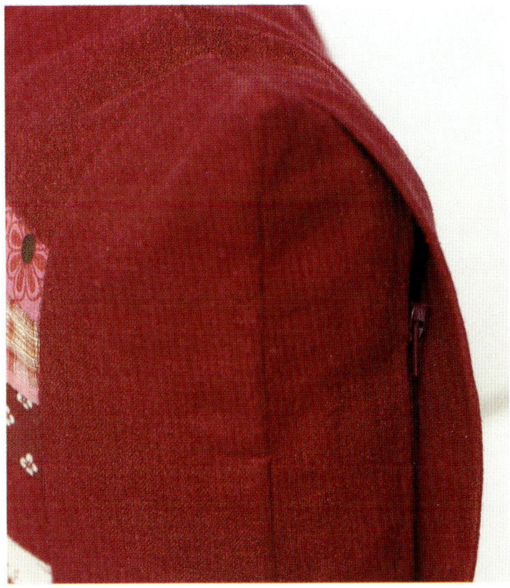

FACE ARRIÈRE ET FERMETURE À GLISSIÈRE

FOURNITURES

Fermeture à glissière : 40 cm
Tissu pour la fermeture à glissière : 7,5 x 10 cm
Tissu pour la face arrière : 43 x 59 cm

- Préparez les finitions de la fermeture à glissière en vous reportant aux explications de la page 12.
- Divisez le tissu pour la face arrière en deux morceaux : l'un de 43 x 10 cm et l'autre de 43 x 49 cm.
- Placez la fermeture à glissière sur le plus petit morceau, endroit contre endroit et à 3,25 cm du bord, puis piquez à une largeur de pied machine depuis le bord de la fermeture, voir ill. 9.
- Repassez un rentré de couture sur l'endroit, voir ill. 10, repliez un ourlet sur le bord de la fermeture à glissière, de façon à dissimuler la couture. Faufilez.
- Retournez la fermeture à glissière sur l'endroit, repassez le tissu afin de l'aligner avec les dents de la fermeture, puis piquez à 2-3 mm des dents, voir ill. 11.
- Marquez deux repères sur le plus grand morceau : à 3,25 cm et à 8 cm du bord, voir ill. 12.
- Pliez le tissu sur l'envers le long du repère à 8 cm du bord, puis repassez au fer. Ouvrez à nouveau le pli.
- Placez l'autre côté de la fermeture à glissière sur le repère à 3,25 cm du bord, endroit contre endroit, puis piquez à une largeur de pied machine.
- Repassez un rentré de couture sur l'endroit, et repliez sur le bord de la fermeture à glissière, de façon à dissimuler la couture. Faufilez l'ourlet.
- Retournez sur l'endroit, refermez le pli par-dessous la fermeture à glissière, puis faufilez.
- Retournez sur l'envers, puis piquez comme indiqué sur ill. 13.
- Ajustez la pièce de sorte qu'elle mesure 42 x 42 cm.
- Ôtez les faufils, ouvrez la fermeture à glissière, et placez la face arrière sur la face avant, endroit contre endroit.
- Piquez les quatre côtés à une largeur de pied machine.
- Surfilez les bords au point zigzag.
- Retournez sur l'endroit, puis insérez le coussin de garnissage.

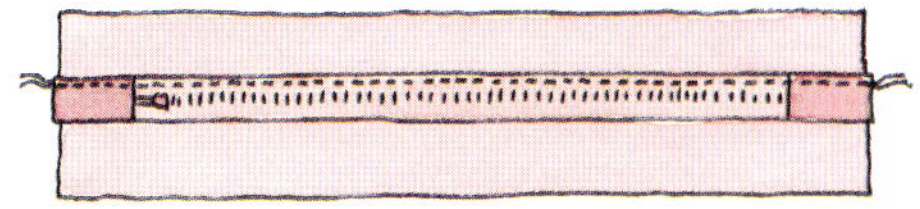
9

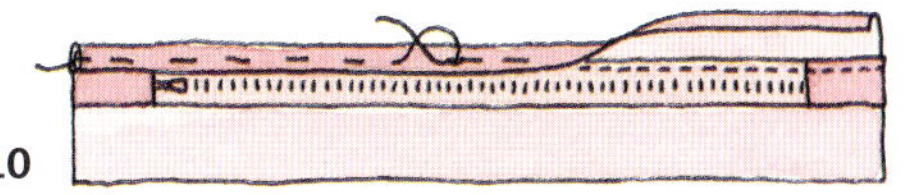
10

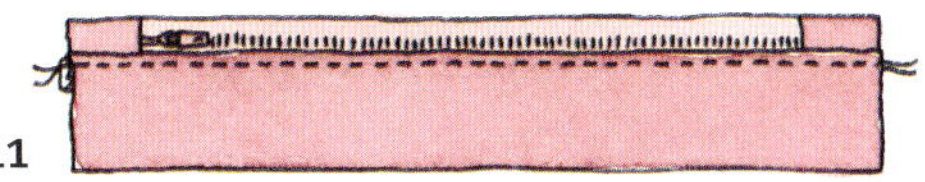
11

12

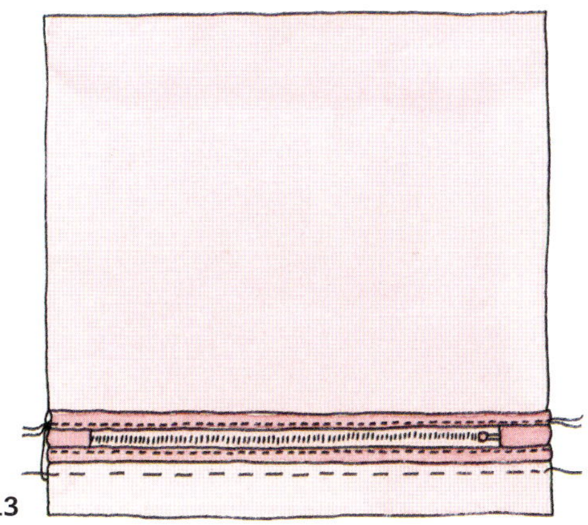
13

POLOCHON

Très confortable pour un moment de détente ou de lecture, ce polochon peut être simplement confectionné dans une seule pièce de tissu. La viseline appliquée sur l'envers crée une surface extérieure lisse une fois le rembourrage inséré. Vous pouvez également préparer un patchwork de 46,5 x 53 cm ; le polochon présenté ci-contre est réalisé à partir de 19 bandes de tissu de 4 x 53 cm.
Le modèle comprend également les instructions pour la confection d'une housse amovible adaptée au polochon. Il s'agit de créer un patchwork appliqué sur une doublure qui permet de dissimuler les bords bruts. Les extrémités de la housse sont constituées de manchettes pourvues d'une coulisse ; elles se ferment par un cordon.

FOURNITURES
Tissu : 68 x 53 cm
Viseline épaisse : 68 x 53 cm
Fibre synthétique

- Appliquez la viseline au fer à repasser sur l'envers du tissu.
- Coupez un morceau de tissu de 46,5 x 53 cm ou préparez un patchwork de mêmes dimensions, dans ce cas, piquez les bandes sur la viseline, comme indiqué sur ill. 5 page 23.
- Prévoyez une ouverture de 15 cm environ au milieu des deux côtés les plus petits. Préparez un bâti en piquant à une largeur de pied machine, voir ill. 1.
- Pliez la pièce endroit contre endroit afin qu'elle mesure 46,5 x 26,5 cm.
- Piquez à une largeur de pied machine, sauf au niveau de l'ouverture.
- Écartez la couture au fer à repasser, puis divisez le rouleau en quatre parties égales, épinglez les repères, voir ill. 2.
- Pliez le reste du tissu endroit contre endroit et tracez un cercle de 9 cm de rayon. Découpez en suivant le tracé.
- Divisez chaque cercle en quatre partie égales, voir ill. 3.
- Placez un cercle à une extrémité du rouleau, en faisant correspondre les repères.
- Piquez à une largeur de pied machine, voir ill. 4.
- Piquez le second cercle à l'autre extrémité en suivant la même méthode.
- Retournez sur l'endroit puis surpiquez la couture des extrémités.
- Remplissez le polochon de fibre synthétique, piquez l'ouverture en dissimulant soigneusement la couture de bâti.

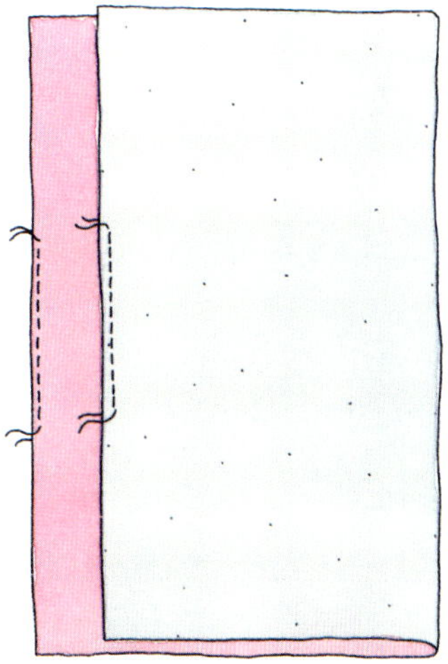

1

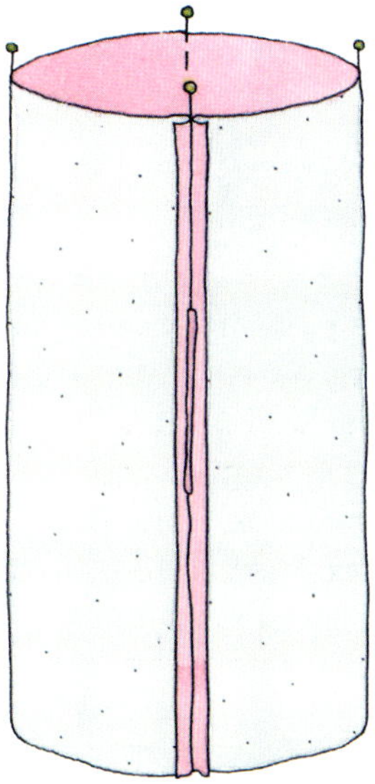

2

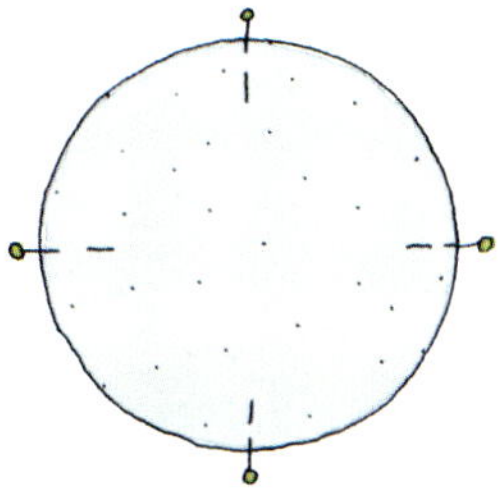

3

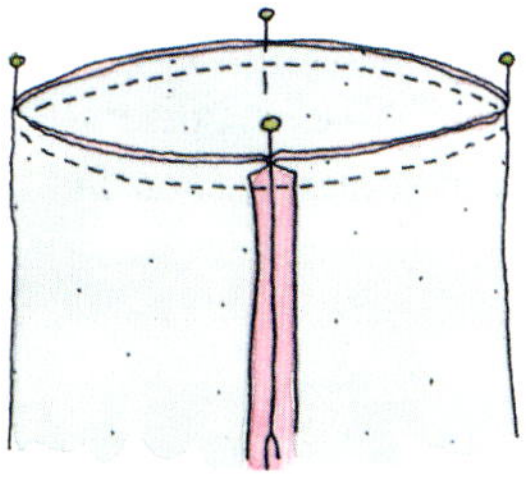

4

HOUSSE DE POLOCHON

La housse, adaptée au polochon présenté aux pages précédentes, est cousue comme un rouleau comportant à chaque extrémité une manchette et une coulisse. Quiltez la pièce à la machine en réglant la longueur du point à 4 ou 4,5. Le patron pour le quilting figure à la page 91.

FOURNITURES

Viseline épaisse : 50 x 116 cm
Tissu pour l'arrière : 50 x 58 cm
Tissu pour la pièce centrale : 25 x 58 cm
Tissu pour les pièces intermédiaires : 6,5 x 116 cm
Tissu pour les pièces extérieures : 9,5 x 116 cm
Tissu pour le biais : 4 x 48 cm
Tissu pour la coulisse : 20 x 29 cm
Tissu pour les manchettes : 36 x 55 cm
Cordon : 100 cm

ROULEAU

- Pliez la viseline en deux de sorte qu'elle mesure 50 x 58 cm. Faufilez la viseline au tissu pour l'arrière.
- Placez la pièce centrale au milieu de la viseline puis faufilez.
- Reproduisez le motif sur la pièce puis quiltez à la machine. Sécurisez les queues de fil par des nœuds de quilt, voir page 9.
- Divisez le tissu pour les pièces intermédiaires en deux morceaux de 6,5 x 58 cm chacun. Placez l'un des morceaux sur la pièce centrale, endroit contre endroit, puis piquez à une largeur de pied machine, voir ill. 5. Dépliez la pièce intermédiaire.
- Divisez le tissu pour les pièces extérieures en deux morceaux de 9,5 x 58 cm chacun. Placez l'un des morceaux sur la pièce intermédiaire, endroit contre endroit, puis piquez à une largeur de pied machine. Dépliez la pièce extérieure.
- Piquez le reste des pièces de l'autre côté de la pièce centrale en suivant la même méthode et en vous reportant à l'ill. 5.
- Faufilez les pièces extérieures avec l'arrière de la housse.
- Quiltez les pièces intermédiaires et extérieures.
- Ajustez l'ensemble afin qu'il mesure 48 x 55 cm.
- Pliez la pièce endroit contre endroit de sorte qu'elle mesure 48 x 27,5 cm, puis piquez la bande de biais sur le côté le plus long de la housse comme expliqué à la page 8.
- Divisez les extrémités de la housse en quatre parties égales, comme indiqué sur ill. 2 de la page précédente.

MANCHETTES ET COULISSES

- Faites un rentré de couture de 2 cm sur l'envers des côtés les plus longs du tissu pour la coulisse, de sorte que la pièce mesure 20 x 25 cm.
- Piquez ces rentrés de couture puis divisez la coulisse en quatre bandes égales de 5 x 25 cm chacune. Repliez chaque bande envers contre envers, voir ill. 6.

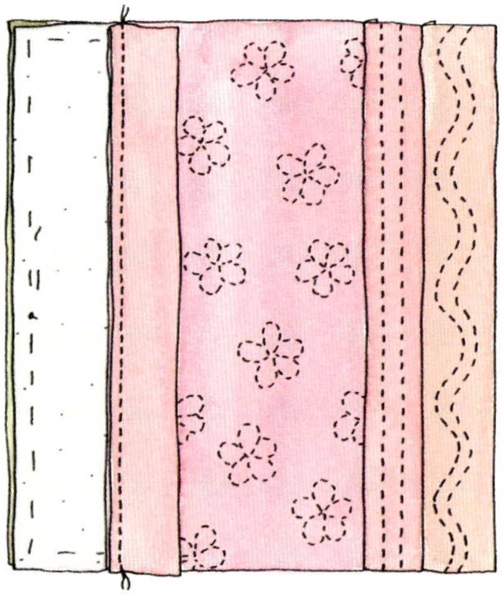
5

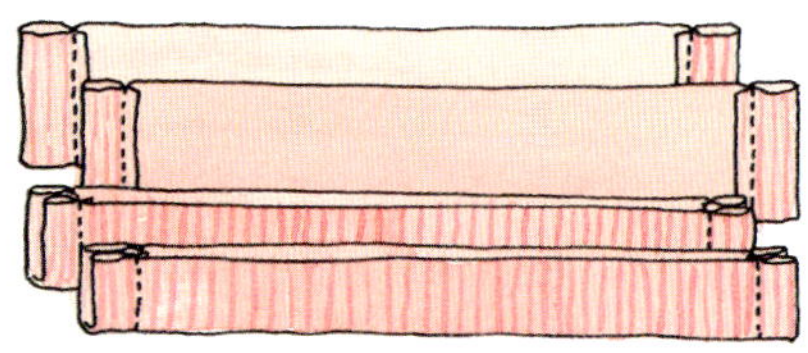
6

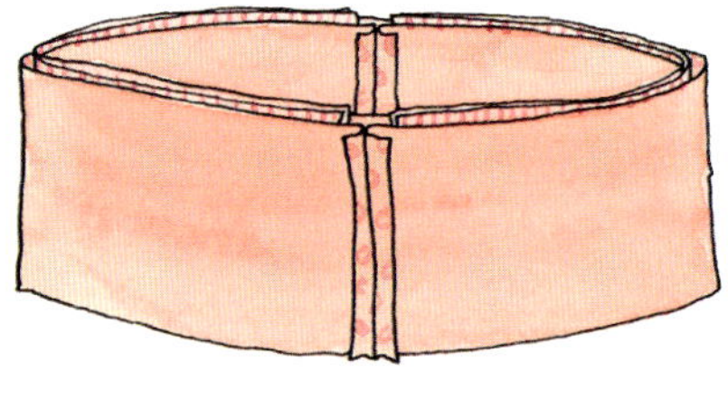
7

- Divisez le tissu pour les manchettes en quatre bandes égales de 9 x 55 cm chacune. Piquez les extrémités de chaque bande endroit contre endroit.
- Placez les manchettes par paires, endroit contre endroit, en intercalant une coulisse, voir ill. 7.
- Piquez à une largeur de pied machine.
- Retournez sur l'endroit.
- Enfilez une manchette à une extrémité de la housse, endroit contre endroit, puis piquez à une largeur de pied machine, voir ill. 8a.
- Repliez la manchette sur la housse, envers contre envers, autour de la couture, puis surpiquez à 1,5 cm de surplus de couture, voir ill. 8b.
- Sortez la manchette, glissez un cordon dans chaque coulisse, puis enfilez la housse au coussin.
- Serrez les cordons puis nouez-les.

8a

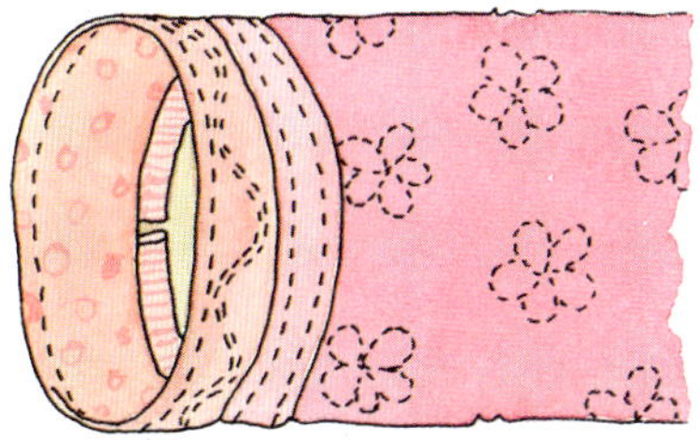

8b

SACS NERVURÉS

Ce modèle présente une forme de grande pochette surmontée d'une large bordure lisse. Le tissu de la pochette est nervuré, à la verticale ou l'horizontale. Une fois que les nervures sont cousues, on ajuste les dimensions de la pochette. Puis on ajoute la bordure et la doublure, et l'on rectifie à nouveau les dimensions, si nécessaire. La doublure, à l'intérieur du sac, est pourvue d'une fermeture à glissière. Enfin, on pose quelques œillets sur la bordure, dans lesquels on glisse l'anse.

POCHETTES NERVURÉES

- Nervures verticales : marquez 21 nervures verticales espacées de 2 cm dans le sens de la longueur du tissu. Marquez la première et la dernière nervure à 5 cm des bords.

Ou

- Nervures horizontales : marquez 44 nervures horizontales espacées de 2 cm dans le sens de la largeur du tissu. Marquez la première et la dernière nervure à 4 cm des bords.
- Pliez les nervures puis piquez à 0,25 cm du pli.
- Ajustez la pièce de sorte qu'elle mesure 33 x 60 cm, les nervures extérieures doivent être placées à 3 cm du bord.
- Pliez la pièce endroit contre endroit, faites les coutures des côtés sur 6 cm seulement, voir ill. 1.

1 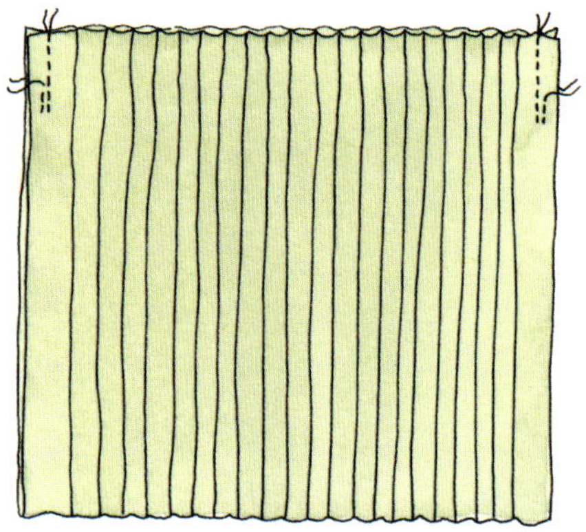

FOURNITURES

	NERVURES VERTICALES	NERVURES HORIZONTALES
Tissu pour l'extérieur	50 x 60 cm	35 x 94 cm

FOURNITURES POUR LA BORDURE ET LA DOUBLURE

Tissu pour la bordure : 18 x 64,5 cm
Viseline épaisse pour la bordure : 8 x 63 cm
Œillets : 8 ou 12 pièces
Tissu pour la doublure : 33 x 80 cm
Viseline épaisse : 33 x 58,5 cm
Fermeture à glissière : 30 cm
Tissu pour les finitions de la fermeture à glissière : 7 x 7 cm
Tissu pour l'anse : 5 x 160 cm
Cordon à passepoil : 165 cm
Tissu pour l'assemblage de l'anse : 5 x 7 cm

BORDURE

- Pliez le tissu pour la bordure envers contre envers, de sorte qu'il mesure 9 x 64,5 cm, puis repassez au fer.
- Ouvrez le pli, puis appliquez la viseline en l'alignant au pli et en laissant une largeur de pied machine au niveau des extrémités.
- Pliez le tissu endroit contre endroit puis piquez les extrémités à une largeur de pied machine.
- Écartez les coutures au fer, puis repliez la pièce envers contre envers, elle forme un anneau.

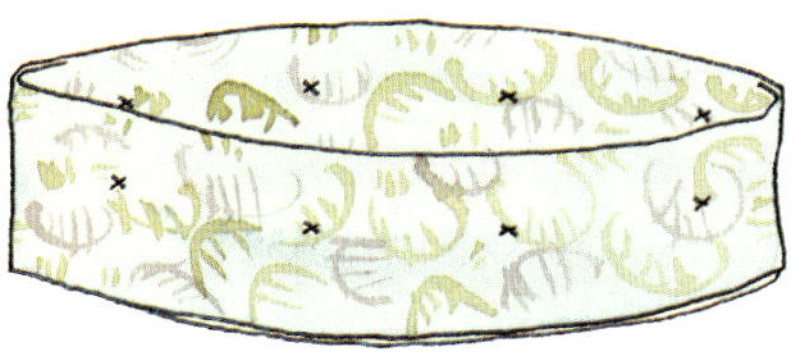

2

- Marquez l'emplacement de 8 ou 12 œillets, voir ill. 2.
- Percez les trous, puis posez les œillets en vous reportant aux instructions livrées avec le kit.
- Placez la bordure sur la pochette nervurée, endroit contre endroit, de sorte que les anneaux soient positionnés par paires de part et d'autre du sac, puis piquez à une largeur de pied machine.
- Relevez la bordure. Abaissez la couture au fer contre la pochette, puis surpiquez.

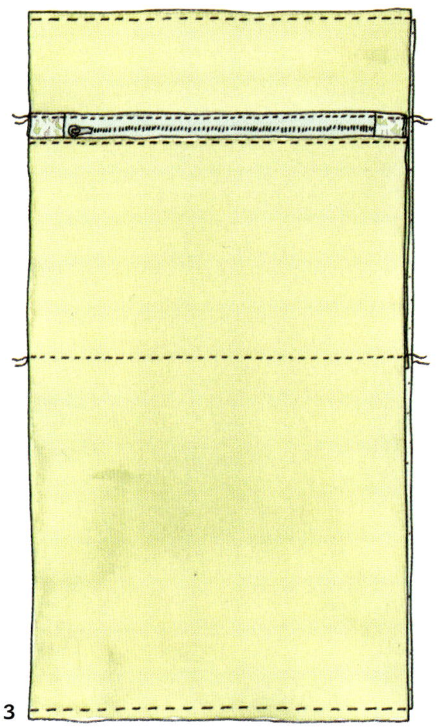

3

DOUBLURE

- Préparez un bâti à chaque extrémité de la doublure.
- Divisez la doublure en deux morceaux de 33 x 30 cm et de 33 x 50 cm.
- Appliquez la viseline au fer sur le plus petit morceau, en l'alignant avec la couture du bâti.
- Sur le plus grand morceau, surfilez au point zigzag le bord opposé au bâti.
- Préparez les finitions de la fermeture à glissière (voir page 12) de sorte qu'elle mesure 33 cm.
- Piquez la fermeture à glissière sur le bord surfilé du plus grand morceau de doublure, endroit contre endroit. Surpiquez, voir page 12, ill. 4.
- Appliquez la viseline sur le plus grand morceau en l'alignant avec la couture du bâti.

4

- Piquez la doublure pour fermer le fond de la pochette.
- Piquez la fermeture à glissière sur la doublure, voir ill. 3.
- Faites un rentré de couture sur l'envers le long de chaque bâti.
- Pliez la doublure endroit contre endroit puis faites les coutures des côtés sur 6 cm seulement, voir ill. 1.
- Placez la pochette en doublure sur la pochette nervurée, envers contre envers, puis faites les coutures de côtés ensemble, à une largeur de pied machine et en commençant à 6 cm, voir ill. 4.
- Faites une entaille dans le surplus de couture à 6 cm du bord haut, puis écartez les coutures supérieures en pressant avec le doigt.
- Retournez la doublure sur l'endroit puis piquez-la à la bordure, au point glissé et en dissimulant soigneusement la couture.
- Retournez le sac sur l'endroit.
- Confectionnez une anse avec un cordon en vous reportant aux explications de la page 10.
- Glissez l'anse dans les œillets puis assemblez les extrémités par un petit morceau de tissu, voir ill. 2 page 10.

POCHETTE TRANSPARENTE

Cette pochette est fabriquée avec de la toile cirée transparente, ce qui permet d'en voir nettement le contenu. Une fois que la fermeture à glissière est posée, le rouleau qui forme la pochette peut être plié de différentes façons, la fermeture pouvant être placée en haut de la pochette, juste en dessous du haut, ou en plein milieu.
Une fermeture à glissière trop longue vous permettra d'avoir plus de marge pour la couture. Réglez la longueur du point à 3-3,5 pour éviter de perforer la toile cirée.

- Placez la fermeture à glissière sur la toile cirée endroit contre endroit, puis piquez (voir ill. 3 page 12). La pochette ne comporte pas de doublure, et il n'est pas utile de préparer des finitions aux extrémités de la fermeture à glissière.
- Relevez la fermeture à glissière, pliez la toile cirée de sorte qu'elle soit précisément alignée avec les dents de la fermeture. Surpiquez sur l'endroit.
- Piquez l'autre côté de la fermeture sur la toile cirée en suivant la même méthode, puis surpiquez.
- Ajustez le pliage de la pochette pour placer la fermeture à l'endroit désiré.
- Divisez le biais en deux bandes de longueur égale. Poussez légèrement la navette de la fermeture puis placez une bande de biais sur l'avant d'un des côtés de la pochette, en laissant dépasser la bande de 1,5 cm environ à chaque extrémité.
- Piquez la bande de biais en suivant les instructions de la page 8. Piquez le point glissé dans la couture précédente, car la toile cirée n'est pas facile à coudre.
- Coupez la fermeture à glissière à la bonne dimension, puis fixez une bande de biais de l'autre côté de la pochette en suivant la méthode précédente.
- Dans une chute de tissu, confectionnez une enveloppe pour la tirette de la fermeture, reportez-vous aux illustrations 5 et 6 page 12.

FOURNITURES

Toile cirée transparente	21,5 x 31,5 cm
Fermeture à glissière	25-30 cm
Tissu pour le biais	4 x 34 cm

POCHETTE MULTIPLE

Ce modèle est idéal pour recycler les chutes de tissu. Pour confectionner l'extérieur de la pochette organisez les différents morceaux en une sorte de puzzle ; et saisissez l'occasion pour tester les points décoratifs de votre machine. Une fois les pièces assemblées, on ajuste les mesures par rapport à celles données dans la liste des fournitures. À l'intérieur, la doublure forme une séparation entre plusieurs compartiments, elle est renforcée par de la viseline épaisse.
Le modèle est présenté en deux dimensions, la petite pochette mesure 19 x 13 cm, la plus grande 23 x 17 cm.

FOURNITURES

	PETITE	GRANDE
Tissu pour l'extérieur X 2	21 x 15 cm	25 x 19 cm
Tissu pour la doublure	21 x 47 cm,	25 x 62 cm
Viseline épaisse	19,5 x 45 cm	23,5 x 60 cm
Fermeture à glissière	18-20 cm	20-25 cm
Tissu pour la finition de la fermeture à glissière	7 x 8 cm	7 x 8 cm
Tissu pour le biais	4,5 x 35 cm	4,5 x 40 cm
Tissu pour la bande	3,5 x 30 cm	3,5 x 30 cm

- Assemblez les pièces pour former la face extérieure de la pochette.
- Divisez la doublure et la viseline en deux morceaux de dimensions égales, puis appliquez chaque morceau de viseline sur un morceau de doublure, voir ill. 1.
- Préparez les finitions pour la fermeture à glissière en suivant les instructions de la page 12, ill. 1 et 2.
- Piquez la face extérieure et la doublure à un côté de la fermeture à glissière, puis surpiquez, voir les instructions de la page 12, ill. 3 et 4.
- Piquez l'autre côté de la fermeture à glissière à la doublure et à la face extérieure en suivant la méthode précédente. Ouvrez la fermeture.
- Faufilez l'extérieur à la doublure à 5 mm du bord inférieur de la face extérieure, voir ill. 2.
- Placez la doublure endroit contre endroit puis piquez à une largeur de pied machine, voir illustration 3.
- Retournez la doublure sur l'endroit puis surpiquez le long de la poche intérieure, piquez enfin à 5 mm du faufil. Ôtez le faufil.
- Avec le tissu pour les nœuds, confectionnez une bande comme expliqué page 10.
- Divisez la bande en deux bandes identiques, puis insérez chacune d'entre elle dans la face extérieure, sous la fermeture à glissière.
- Repliez la pochette, voir ill. 4.
- Divisez le tissu pour le biais en deux bandes identiques. Piquez les bandes de biais le long des côtés de la pochette en suivant les instructions de la page 8.
- Retournez la pièce sur l'endroit. Repérez le milieu de chaque bande de côté puis formez deux boucles, piquez ce nœud dans la couture de côté.
- Dans une chute de tissu, confectionnez une enveloppe pour la tirette de la fermeture à glissière (voir page 12).

1

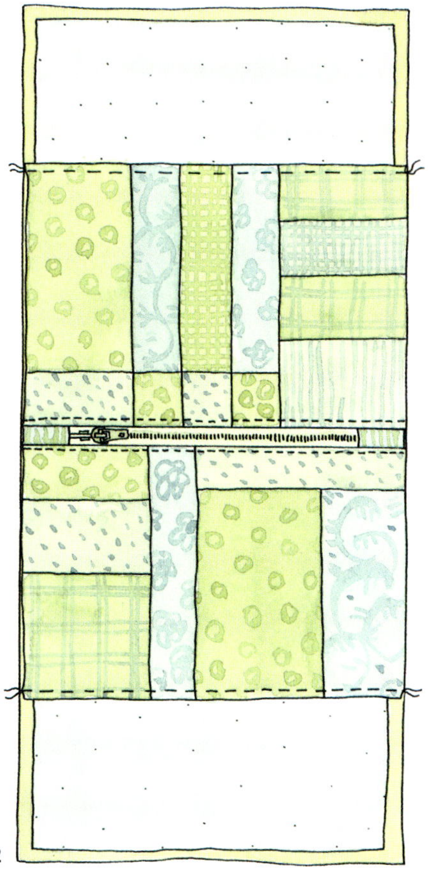

2

3

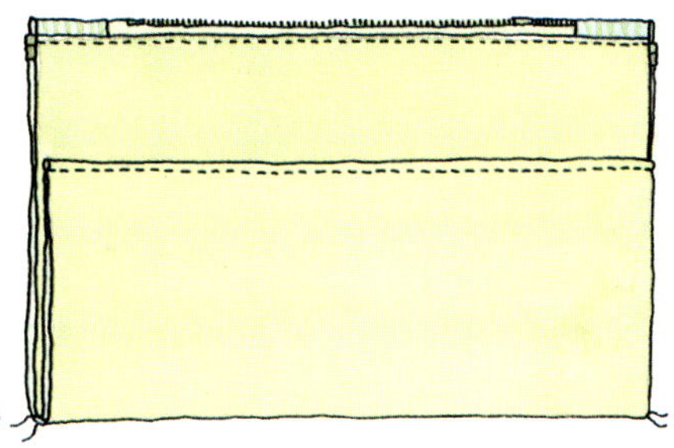

4

CABAS

Taillé sous la forme d'un traditionnel sac à provisions, ce modèle est présenté en deux formats : le plus petit mesure 28 cm de largeur et 33 cm de hauteur, le plus grand 40 x 40 cm environ. La technique de couture permet de dissimuler tous les bords bruts, ainsi, le cabas est réversible. Pour rigidifier le modèle, on utilise de la ouate de cellulose, vous pouvez la remplacer par de la viseline épaisse pour le petit cabas, à condition d'en appliquer sur chaque pièce de tissu, intérieure et extérieure. Pour personnaliser votre création, préparez un patchwork aux dimensions indiquées dans la liste des fournitures. Enfin, le patron pour la poignée figure à la page 93.

FOURNITURES

	PETIT	GRAND
Tissu extérieur	36,5 x 70 cm	45 x 95 cm
Ouate de cellulose	36,5 x 70 cm,	45 x 95 cm
Tissu intérieur	36,5 x 71,5 cm	45 x 96,5 cm
Tissu pour le biais X 2	5 x 33 cm,	5 x 47 cm
Tissu pour le biais du bord haut (facultatif)	5 x 72 cm	5 x 95 cm

- Placez l'envers du tissu extérieur sur la ouate de cellulose puis faufilez les pièces ensemble.
- Divisez le tissu intérieur en deux pièces identiques ; cette étape permet de confectionner les poignées.
- Faites une couture de bâti le long des côtés les plus courts de ces deux pièces.
- Placez l'une de ces pièces sur le tissu extérieur, endroit contre endroit.

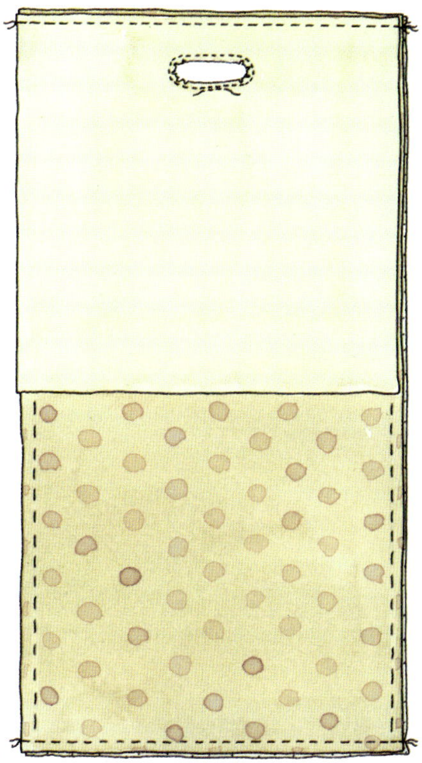
1

- Reproduisez les contours d'une poignée à 3,5-4 cm du bord haut environ.
- Piquez en suivant le contour, puis recoupez le surplus de couture à 3 mm. Faites quelques entailles au niveau des courbes intérieures du surplus de couture, voir ill. 1.
- Retournez le tissu intérieur par la poignée, repassez puis surfilez autour de la poignée.

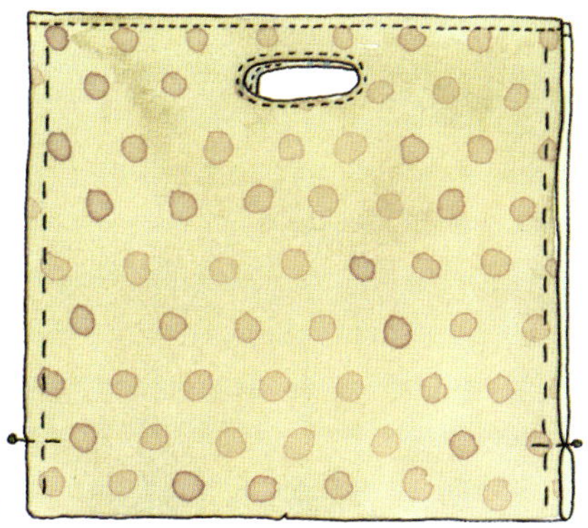
2

3

- Faites un rentré de couture sur l'envers le long du bâti puis piquez au point glissé.
- Placez la seconde pièce de tissu intérieure sur le tissu extérieur, piquez puis surpiquez une poignée en suivant la méthode précédente.
- Placez les pièces intérieures endroit contre endroit puis piquez ensemble les bords bas à une largeur de pied machine. Écartez la couture au fer à repasser.
- Retournez sur l'endroit, faufilez les côtés puis quiltez à la machine.
- Pliez la pièce comme indiqué sur ill. 2, puis placez des épingles à 5 cm du pli. Ainsi, la largeur du fond est de 10 cm.
- Pliez le fond du cabas comme indiqué sur ill. 3.
- Piquez les bandes de biais le long de chaque côté en suivant les explications de la page 8 (voir également ill. 3).

Variante : Le bord haut du cabas peut être fermé par une bande de biais. Piquez-la sur l'avant du bord, puis fermez au point glissé. Reportez-vous aux explications de la page 8.

SAC DU MARCHÉ

Inspiré des sacs primeurs en papier, ce modèle possède un pli dans le fond ce qui lui donne du volume. Il mesure 35 cm de largeur et 58 cm de hauteur, anses incluses. Agrémentez-le de petites fleurs appliquées, auxquelles vous ajouterez un ruban en guise de tige et de feuilles. Le patron figurant à la page 44 doit être agrandi en suivant la légende.

FOURNITURES

Tissu extérieur	52 x 130 cm
Ruban pour les tiges	0,6 x 125 cm
Ruban pour les feuilles	0,6 x 75 cm
Carton	5 x 5 cm
Tissu pour les fleurs X 5	6 x 6 cm
Viseline épaisse	5 x 50 cm
5 boutons	
Tissu pour la doublure	52 x 130 cm
Tissu pour le biais	4,5 x 40 cm

- Coupez deux pièces extérieures en suivant le patron.
- Coupez cinq bandes dans le ruban pour les tiges de 24 cm chacune. Placez-les sur l'endroit d'une des pièces extérieures, voir ill. 1, puis piquez. Prévoyez un intervalle de 5 cm entre chaque bande.
- Coupez cinq bandes dans le ruban pour les feuilles, de 15 cm chacune puis pliez-les en suivant l'ill. 2. Pour une feuille simple, coupez puis pliez une bande de 7,5 cm.

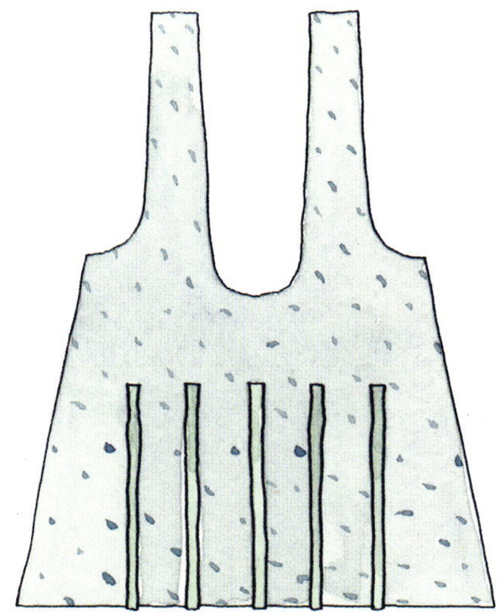

1

2

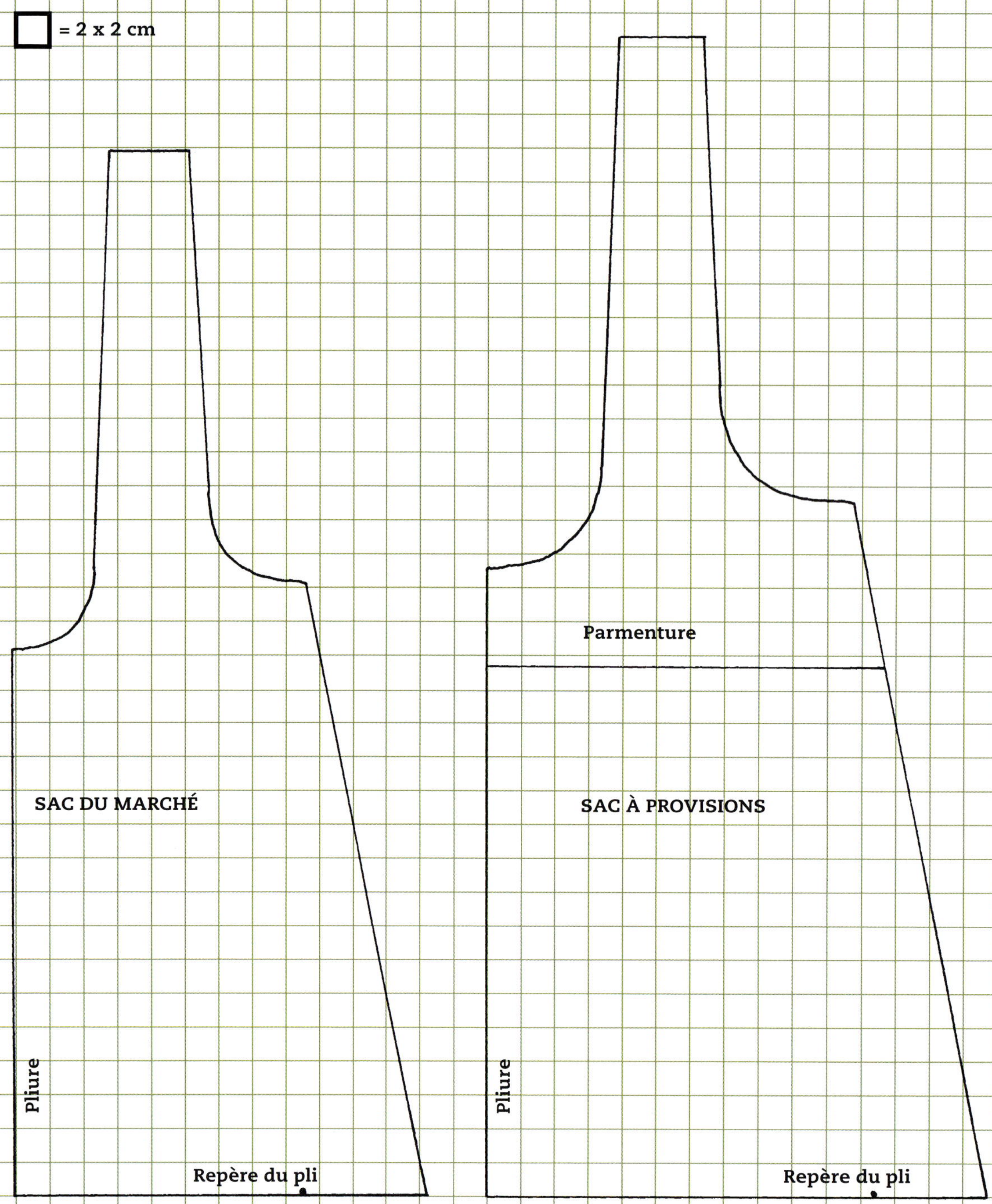

= 2 x 2 cm
SAC DU MARCHÉ
Pliure
Repère du pli
Parmenture
SAC À PROVISIONS
Pliure
Repère du pli

- Sur le carton, tracez un cercle de 4 cm de diamètre puis découpez-le.
- Utilisez le rond en carton comme gabarit pour dessiner cinq cercles sur les petites pièces de tissu pour les fleurs. Découpez-les en prévoyant 1 cm de surplus de couture.
- Faufilez les bords des ronds en tissu.
- Dans deux épaisseurs de viseline, coupez cinq ronds à l'aide du gabarit, puis placez-les sur les ronds en tissu.
- Placez le gabarit sur la viseline, tirez sur les faufils puis repassez la fleur, voir ill. 3. Ôtez le gabarit, utilisez-le pour former les quatre autres fleurs.
- Placez une fleur ainsi qu'une feuille simple ou double sur une tige, voir la photo page 43 et ill. 4. Appliquez les fleurs sur le tissu extérieur, puis cousez un bouton par-dessus.

  Suivez la même méthode pour coudre les quatre autres fleurs sur le tissu.
- Coupez deux pièces de doublure en suivant le patron.
- Placez une pièce extérieure sur une pièce de doublure, endroit contre endroit, puis piquez à une largeur de pied machine, voir ill. 5.
- Faites quelques entailles dans le surplus de couture, au niveau des courbes, puis retournez sur l'endroit.
- Repassez les anses au fer, puis placez le tissu extérieur endroit contre endroit. Abaissez le haut de l'anse située face à vous.
- Piquez le haut de l'anse à une largeur de pied machine, voir ill. 6.
- Faites un rentré de couture sur l'anse libre, puis repliez-la de façon à dissimuler la couture. Piquez au point glissé.
- Confectionnez l'autre côté du sac avec la doublure en suivant la méthode précédente.
- Placez les pièces extérieures endroit contre endroit. Abaissez vers l'arrière la doublure située face à vous, de sorte qu'elle soit placée sur l'autre pièce de doublure, endroit contre endroit.
- Piquez les côtés à une largeur de pied machine, puis retournez la doublure sur l'endroit.
- Placez des épingles de chaque côté du fond du sac, à 6,5 cm du bord.
- Pliez la doublure au niveau des épingles, voir ill. 7.
- Placez la bande de biais le long du fond du sac, en laissant dépasser de 1,5 cm de chaque côté. Piquez le biais en suivant les instructions de la page 8.
- Retournez le sac sur l'endroit puis surpiquez le bord des anses.

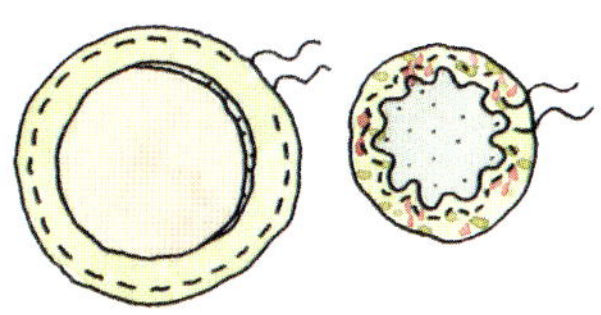

3

4

5

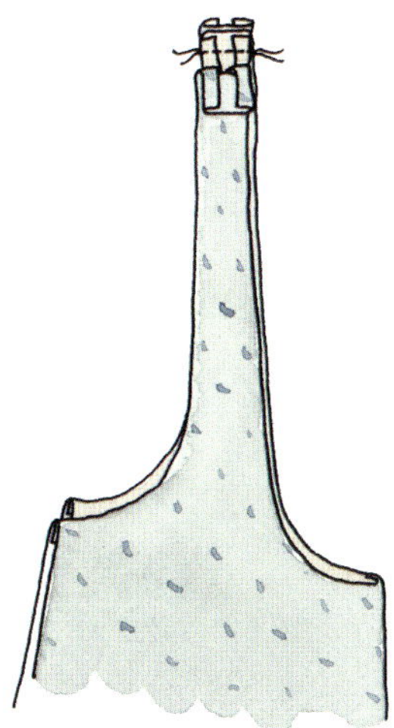

6

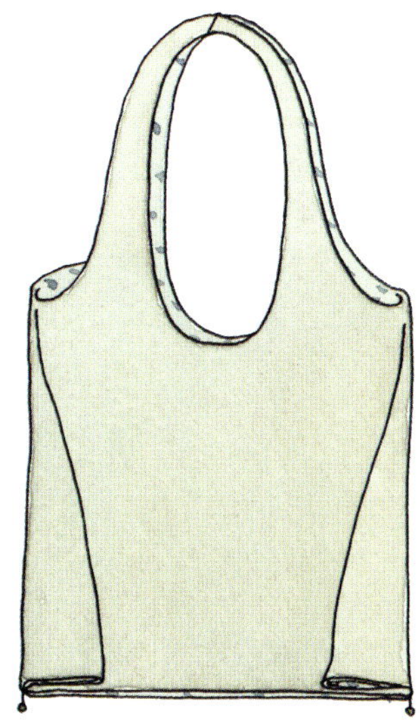

7

SAC À PROVISIONS

Ce sac est une version agrandie du sac du marché. Choisissez un tissu léger mais résistant, reportez-vous aux conseils de la page 6. Ce modèle n'est pas doublé, mais une parmenture renforce les anses. Détail pratique : une bande de tissu décorative, pourvu de ruban agrippant, permet d'enrouler le sac et de le glisser ainsi facilement dans toutes les poches ! Les dimensions sont de 40 cm de largeur et 65 cm de hauteur, anses incluses. Le patron figurant à la page 44 doit être agrandi en suivant la légende.

FOURNITURES

Tissu pour l'extérieur	75 x 145 cm
Tissu pour la parmenture	40 x 100 cm
Tissu pour la bande	9,5 x 30 cm
Ruban agrippant, côté velours	7 x 5 cm
Ruban agrippant, côté crochets	3,5 x 5 cm
Tissu pour le biais	4,5 x 51 cm

- Reproduisez les pièces du patron ainsi que la parmenture figurant page 44.
- Découpez deux pièces extérieures et deux parmentures dans les tissus respectifs.
- Pliez le tissu pour la bande endroit contre endroit puis piquez le côté le plus long à une largeur de pied machine.
- Écartez la couture au fer, placez-la au milieu de la bande, puis piquez une extrémité de la bande à une largeur de pied machine.
- Retournez sur l'endroit.
- Divisez la partie velours du ruban agrippant en deux morceaux de 3,5 x 5 cm, piquez un morceau sur l'avant de la bande, voir ill. 1.
- Piquez la partie crochets du ruban agrippant sur l'arrière de la bande, voir ill. 2.
- Placez la bande au milieu d'une pièce extérieure, l'arrière de la bande contre l'endroit de la pièce, puis faufilez, voir ill. 3.
- Piquez le second morceau de ruban agrippant (partie velours) sur l'extérieur du sac, de sorte qu'il soit précisément placé sous la partie crochets du ruban fixé à la bande.
- Surfilez le bas de chaque parmenture.
- Placez une parmenture sur une pièce extérieure, endroit contre endroit, puis piquez à une largeur de pied machine, voir ill. 4.
- Faites quelques entailles dans le surplus de couture, au niveau des courbes, puis retournez sur l'endroit.

1

2

3

4

5

- Repassez les anses au fer en adaptant la température au tissu, puis placez-les endroit contre endroit. Abaissez l'anse en parmenture située face à vous.
- Piquez le haut de l'anse à une largeur de pied machine, voir ill. 6 page 45.
- Faites un rentré de couture sur l'anse en parmenture puis pliez de façon à dissimuler la couture. Piquez au point glissé.
- Confectionnez l'autre côté du sac avec la parmenture en suivant la même méthode.
- Placez les deux pièces endroit contre endroit. Abaissez vers l'arrière la parmenture située face à vous, de sorte qu'elle soit placée sur l'autre parmenture, endroit contre endroit.
- Piquez les côtés à une largeur de pied machine, puis surfilez au point zigzag.
- Placez les parmentures sur les pièces extérieures, envers contre envers, puis surpiquez les anses.
- Faites un pli de chaque côté du sac, au niveau du fond, voir ill. 7 page 45. La profondeur des plis doit être de 8,5 cm.
- Piquez la bande de biais en suivant les instructions de la page 8.
- Dépliez la bande de fermeture et pliez le sac en suivant ill. 5. Repliez ou enroulez le sac, du haut vers le fond, enroulez la bande autour du sac puis fermez à l'aide du ruban agrippant.

ANGE SUSPENDU

L'ange mesure 65 cm de hauteur et 44 cm de largeur d'une main à l'autre. Les bras sont confectionnés à partir d'un cintre en bois recouvert de tissu. Le bas de la robe se referme par une coulisse pour former une poche qui peut également être utilisée de façon décorative. Le patron figure à la page 92.

FOURNITURES

Tissu de couleur chair pour la tête	17 x 26 cm
Molleton	17 x 26 cm
Tissu pour les cheveux	8 x 20 cm
Un feutre rouge et un feutre noir	
Un cintre de 42 cm environ	
De la peinture couleur chair	
Tissu pour les bras	16 x 17 cm
Viseline épaisse	16 x 15,5 cm
Dentelle pour les manches	16 cm
Tissu pour le col	30 x 40 cm
Tissu pour la robe	40 x 60 cm
Dentelle pour la robe	60 cm
Tissu pour le jupon	20 x 60 cm
Cordon	180 cm
Élastique	25 cm
Tissu pour les ailes	13 x 92 cm
Molleton pour les ailes	3 x 92 cm
2 boutons	

TÊTE

- Dans le tissu pour la tête, faites un pli de 1 cm le long du côté mesurant 26 cm, puis repassez.
- Pliez la pièce endroit contre endroit, puis reproduisez le patron de la tête, voir ill. 1.
- Pliez le molleton en deux, placez-le sous la tête, puis piquez en suivant le trait.
- Coupez à 3 mm de surplus de couture, retournez sur l'endroit, puis fermez l'ouverture par de petits points.
- Découpez de petites bandes dans le tissu pour les cheveux. Regroupez-les puis cousez-les sur le sommet de la tête et sur les côtés. Recoupez-les si besoin pour égaliser.
- Dessinez les yeux et la bouche au feutre noir et rouge.

BRAS

- Poncez le cintre puis peignez-le de couleur chair.
- Appliquez la viseline sur le tissu pour les manches, en laissant un surplus de couture à chaque extrémité.
- Placez la dentelle sur le tissu pour les bras, endroit contre endroit, puis piquez à une largeur de pied machine.
- Repassez la couture sur l'envers puis surpiquez. Repliez l'autre couture sur l'envers également, puis faufilez.
- Divisez l'ensemble en deux pièces de 8 x 15,5 cm.
- Pliez chaque pièce envers contre envers puis piquez, voir ill. 2a. Prévoyez un surplus de couture adapté à la circonférence du cintre.
- Retournez sur l'endroit, voir ill. 2b, enfilez les manches sur le cintre puis assemblez-les au point glissé.
- Placez la tête sur le cintre, puis fixez les manches au niveau de la nuque au point glissé. Pour maintenir la tête, faites quelques points sur la nuque au niveau du crochet, voir ill. 3.

1
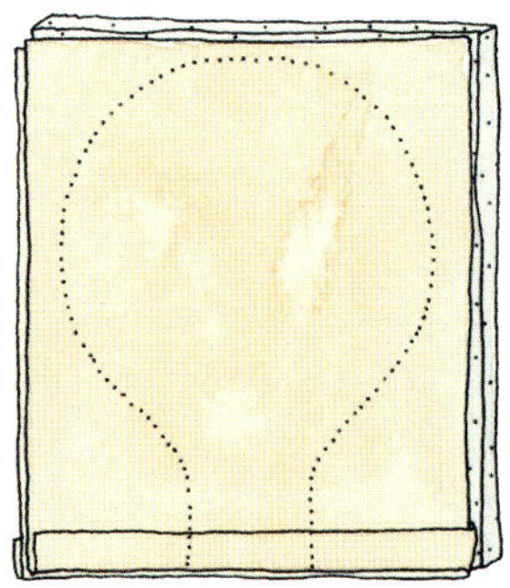

2a
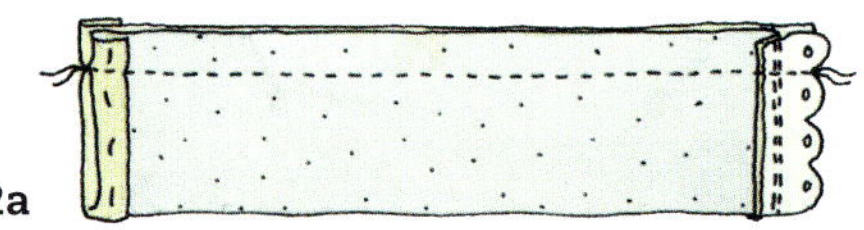

2b
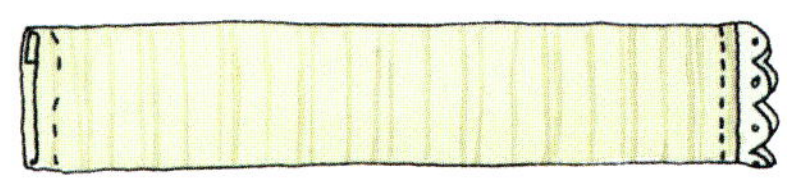

3
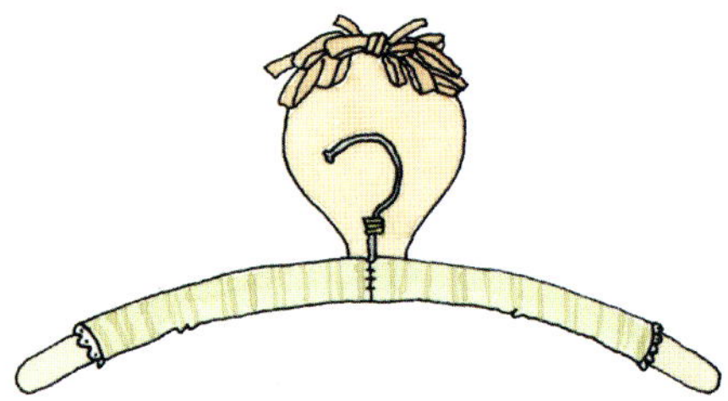

ROBE

- Surfilez au point zigzag le tissu pour le col le long des côtés mesurant 40 cm. Faites un pli de 1 cm sur l'envers puis surpiquez ce rentré de couture.
- Divisez le tissu en deux pièces de 28 x 20 cm chacune. Pliez chaque pièce en deux, envers contre envers puis faites deux coutures, l'une à 2 cm du pli, l'autre à 4 cm du pli, voir ill. 4.
- Placez le tissu de la robe sur le tissu du jupon, endroit contre endroit, insérez la dentelle entre ces deux épaisseurs, puis piquez à une largeur de pied machine. Surfilez les couture ensemble, voir ill. 5.
- Faites un pli de 2 cm environ sur le tissu de la robe, voir ill. 5. Maintenez ce pli par une couture.
- Faites deux plis sur l'envers du jupon, l'un à 1 cm du bord bas, l'autre à 5 cm du bord bas, puis repassez au fer.
- Ouvrez les plis puis pliez le tissu de la robe endroit contre endroit. Piquez à une largeur de pied machine, en laissant une ouverture de 2,5 cm de longueur, à 2 cm du bord, voir ill. 6.
- Repliez le rentré de couture du jupon à 4 cm du bord du bord bas, piquez, puis faites une nouvelle couture 2 cm plus bas pour la coulisse.
- Placez les pièces du col sur le bord haut de la robe, endroit contre endroit. Piquez à une largeur de pied machine, puis surfilez les bords ensemble, voir ill. 7.
- Divisez le cordon en deux morceaux de 90 cm chacun puis enfilez-les dans la coulisse du col.
- Enfilez l'élastique dans la coulisse du jupon.

AILES

- Pliez le tissu pour les ailes endroit contre endroit, puis piquez le côté le plus court à une largeur de pied machine, en laissant une ouverture de 4 cm de longueur.
- Pliez le tissu comme indiqué syr ill. 8, puis reproduisez le patron des ailes.
- Placez le molleton sous le tissu, puis coupez en suivant le trait. Recoupez à 3 mm de surplus de couture.
- Retournez sur l'endroit, puis piquez l'ouverture au point glissé. Quiltez les ailes le long du bord.
- Cousez deux boutonnières aux endroits prévus sur le patron, elles doivent être adaptées au diamètre du bouton.
- Cousez un bouton au milieu dos du col, et un autre sur la robe en prévoyant un intervalle identique à celui qui sépare les boutonnières.
- Boutonnez les ailes à la robe et au col, enfilez la robe de sorte que les cordons passent au-dessus des bras. Tirez sur les cordons pour terminer.

4

5

6

7

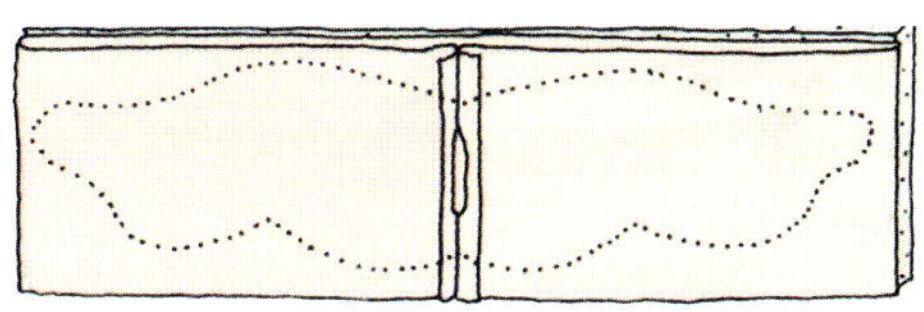
8

ANGES PENSE-BÊTE

De jolis petits personnages égayent votre intérieur, et vous rappellent l'heure d'un rendez-vous, la liste du marché, ou une recette à tester. L'ange mesure 41 cm de hauteur, et 25 cm d'une main à l'autre. Le patron figure aux pages 92 et 93.

CORPS

FOURNITURES

Tissu de couleur chair : 16 x 18 cm
Tissu pour le maillot : 12 x 18 cm
Bâton en bois (tuteur, diamètre x longueur) : 0,75 x 25 cm
De la peinture de couleur chair
Tissu pour les manches : 4,5 x 18 cm
Viseline épaisse pour les manches : 4,5 x 16,5 cm
Tissu de couleur chair pour les jambes : 20 x 22 cm
Tissu pour les chausses : 16 x 17 cm
Dentelle : 17 cm
De la fibre synthétique
Du fil pour les cheveux
Ruban : 40 cm
Un feutre noir et un feutre rouge

- Placez le tissu de couleur chair et le tissu pour le maillot endroit contre endroit puis piquez à une largeur de pied machine. Abaissez la couture au fer sur le tissu du maillot puis surpiquez.
- Pliez l'ensemble endroit contre endroit puis reproduisez le patron du corps. Piquez en suivant le trait, sauf au niveau de l'ouverture et des bras.
- Recoupez à 3 mm de surplus de couture, augmentez à 5 mm au niveau de l'ouverture et des bras, voir ill. 1. Retournez sur l'endroit.
- À l'aide d'un taille-crayon, arrondissez les extrémités du tuteur, puis peignez ce dernier de couleur chair.
- Appliquez la viseline sur le tissu pour les manches, en laissant un surplus de couture à chaque extrémité.
- Faites un rentré de couture à chaque extrémité, puis surpiquez.
- Pliez la pièce endroit contre endroit, puis piquez, voir ill. 2. Ajustez le surplus de couture en fonction de l'épaisseur du tuteur.
- Retournez sur l'endroit puis enfilez les manches sur le tuteur.
- Pliez le tissu pour les jambes endroit contre endroit, reproduisez deux fois le patron de la jambe, puis piquez en suivant le trait.
- Recoupez à 3 mm de surplus de couture et après le trait de l'ouverture.
- Retournez sur l'endroit puis rembourrez assez fermement de fibre synthétique jusqu'à la moitié des jambes puis plus souplement jusqu'en haut.
- Placez la dentelle sur le tissu des chausses puis piquez à une largeur de pied machine.
- Abaissez la couture au fer sur le tissu puis surpiquez.
- Pliez la pièce endroit contre endroit pour former deux chausses, voir ill. 3. Piquez à une largeur de pied machine le long des bords bruts.
- Découpez la pièce puis surfilez ensemble les bords.
- Retournez les chausses sur l'endroit et enfilez-les sur les jambes.
- Placez les jambes et les chausses endroit contre endroit sur le corps, puis piquez tout autour le long de l'ouverture à une largeur de pied machine, voir ill. 4.
- Rembourrez la tête et la nuque de fibre synthétique puis faites un pli à l'intérieur au niveau de l'ouverture. Piquez l'ouverture au point glissé.
- Enroulez le fil pour les cheveux autour de vos doigt puis fixez-le tout sur le sommet et les côtés de la tête.
- Dessinez les yeux et la bouche au feutre rouge et noir.
- Piquez le ruban au point glissé sur la nuque de l'ange.
- Vous pouvez également confectionner une bande d'attache en suivant les instructions de la page 10, à partir d'une bande de tissu de 4 x 40 cm.

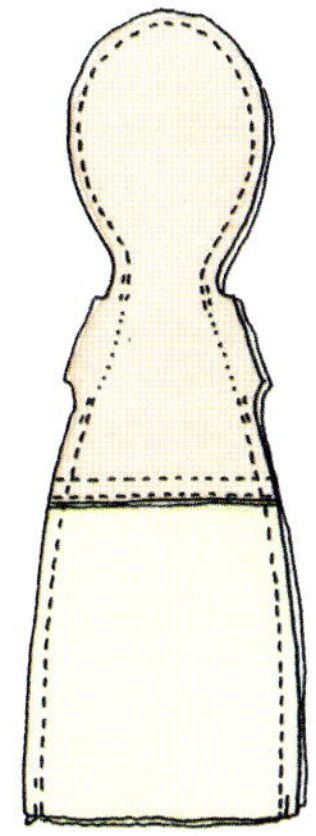
1

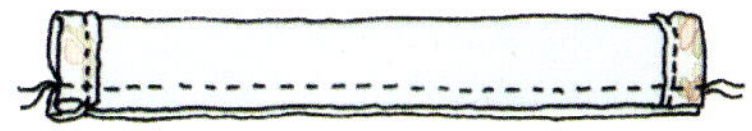
2

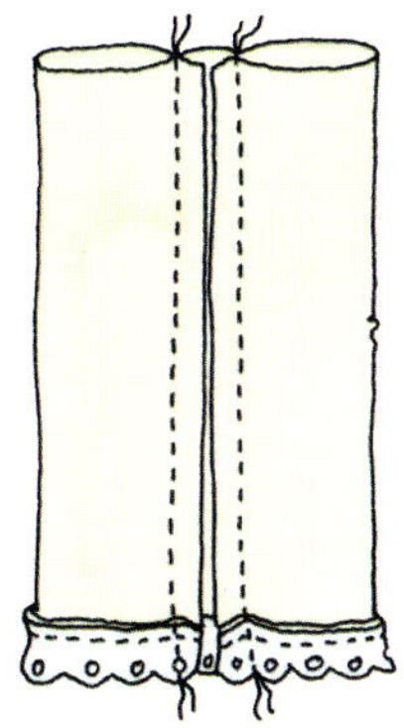
3

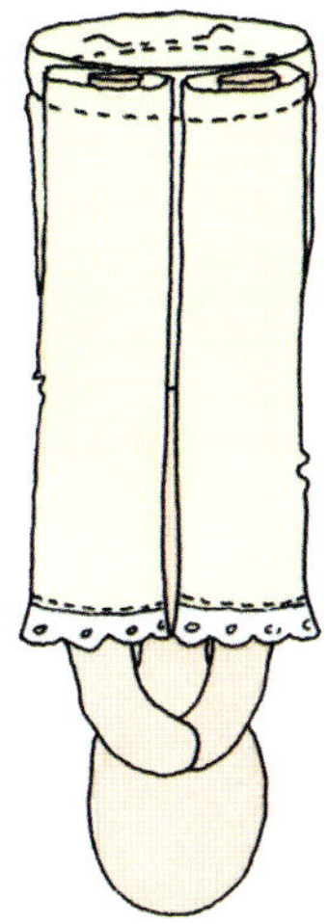
4

ROBE ET AILES

FOURNITURES

Tissu pour le col : 22 x 22 cm
Tissu pour la robe : 26 x 42 cm
Galon : 42 cm
Lien ou ruban : 75 cm
Tissu pour les ailes : 9 x 52 cm
Viseline épaisse pour les ailes :
9 x 50 cm
2 boutons (facultatif)
Ficelle : 75 cm
4 à 6 petites épingles à linge

- Surfilez deux côtés opposés du tissu pour le col. Faites un rentré de couture de 1 cm sur chaque côté surfilé, puis surpiquez.
- Divisez le coupon en deux pièces de 11 x 20 cm chacune, pliez chaque pièce envers contre envers puis piquez à 2 cm du pli, voir ill. 5.
- Surfilez le bord bas du tissu pour la robe, puis faites un pli de 2 cm sur l'envers. Piquez. Placez le galon sur la couture, sur l'endroit du tissu, puis piquez.
- Pliez la pièce endroit contre endroit puis piquez à une largeur de pied machine. Surfilez les bords ensemble.
- Placez la pièce du col et la pièce de la robe endroit contre endroit. Piquez à une largeur de pied machine, puis surfilez les bords ensemble, voir ill. 6.
- Divisez le lien en deux morceaux de longueur égale, puis enfilez-les dans la coulisse inférieure du col, voir ill. 7.
- Pliez le tissu des ailes endroit contre endroit puis piquez le côté le plus court à une largeur de pied machine, en laissant une ouverture de 3,5 cm environ.
- Pliez le tissu comme indiqué sur ill. 8 page 53 puis reproduisez le patron des ailes.
- Pliez la viseline en deux puis placez-la sous les ailes. Piquez en suivant le trait, puis recoupez à 3 mm de rentré de couture.
- Retournez sur l'endroit puis piquez l'ouverture au point glissé. Quiltez les ailes le long du bord.
- Piquez les ailes au col et à la robe par de petits points, cousez éventuellement des boutons sur les ailes.
- Enfilez la robe au corps, le lien doit passer au-dessus des bras, puis tirez sur le lien.
- Pincez les épingles à linge sur la ficelle, faites éventuellement quelques nœuds entre chaque épingle, puis nouez les extrémité de la ficelle aux bras de l'ange.

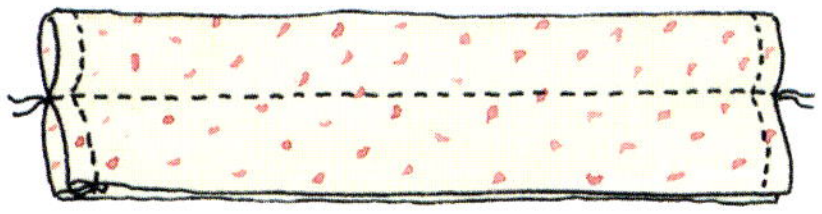
5

6

7

CORBEILLES

Ces corbeilles peuvent contenir toutes sortes de petites choses, elles sont très utiles sur la table de couture. Pour confectionner la bordure, il suffit d'augmenter les dimensions de la doublure par rapport à celles du tissu extérieur, ou bien de coudre la doublure et le tissu extérieur avec une bande de tissu étroite.
La petite corbeille mesure 10 cm de diamètre et 10 cm de hauteur, la grande corbeille mesure 15 cm de diamètre et 12 cm de hauteur. Le modèle est rigidifié grâce à de la viseline épaisse. Vous pouvez reproduire le patron directement sur la viseline à l'aide d'une règle de patchwork. Pour éviter d'obtenir d'abondantes chutes de viseline, reproduisez deux patrons de corbeille côte à côte.

FOURNITURES

	PETITE	GRANDE
Viseline épaisse pour 2 corbeilles	25 x 45 cm	32 x 68 cm
Tissu extérieur pour 1 corbeille	19 x 42 cm	22 x 62 cm
Tissu intérieur pour 1 corbeille	20 x 42 cm	23 x 62 cm
Tissu pour la bordure (facultatif)	7 x 42 cm	7 x 62 cm

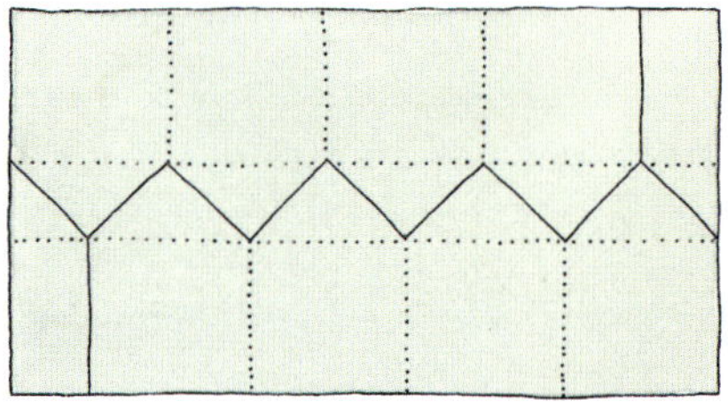

1

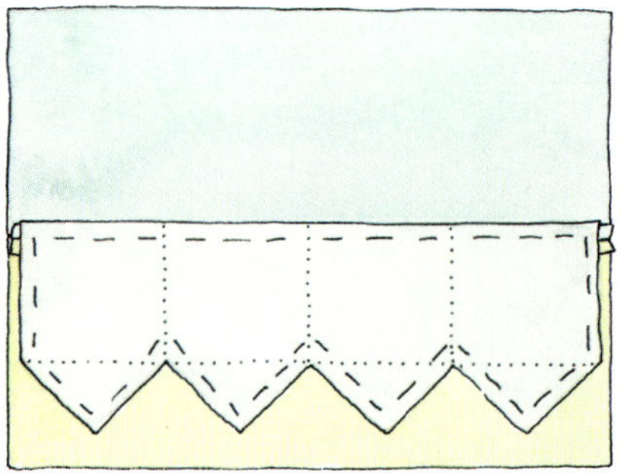

2a

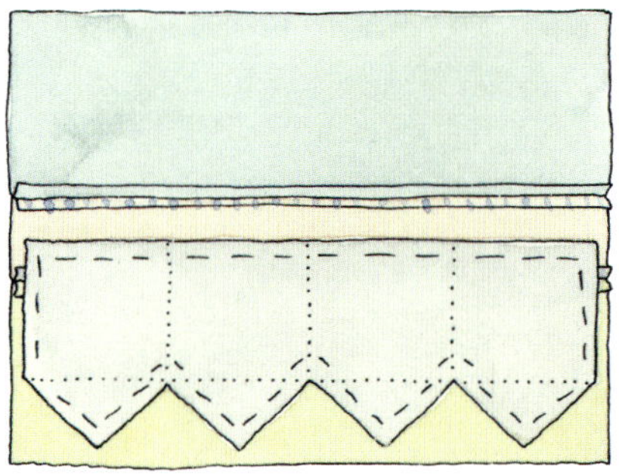

2b

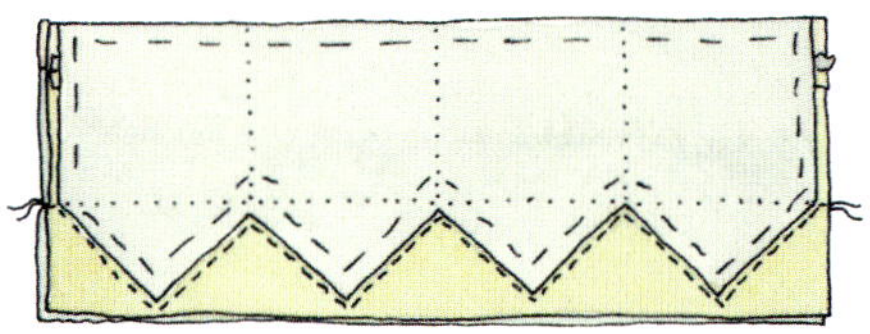

3

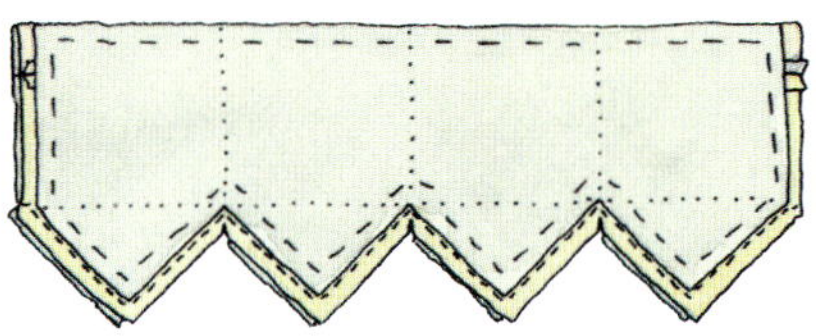

4

- Reproduisez une ou deux corbeilles sur la viseline, voir ill. 1 pour le placement des pièces.
- Coupez en suivant le trait.
- Piquez le tissu extérieur et le tissu intérieur endroit contre endroit. Écartez la couture au fer.
- Placez la viseline de sorte qu'elle couvre la couture sur 1 cm, puis appliquez-la au fer, voir ill. 2a.

Variante : l'ill. 2b indique la méthode à suivre pour insérer une bande entre le tissu extérieur et la doublure.

- Faufilez la viseline en utilisant le point le plus long de la machine.
- Coupez le tissu en laissant 1 cm de surplus de couture.
- Pliez le tissu endroit contre endroit puis piquez soigneusement en suivant les contours de la viseline, voir ill. 3.
- Recoupez à 3 mm de surplus de couture, voir ill. 4. Faites des entailles dans les coins intérieurs.

- Retournez sur l'endroit puis faites un pli le long du bord. Ôtez les faufils.
- Placez les extrémité repliées l'une dans l'autre, puis piquez au point glissé l'intérieur et l'extérieur de la corbeille, voir ill. 5.
- Assemblez deux pointes sur l'endroit au point glissé. Veillez à ce que les pointes coïncident avec précisions, voir ill. 6.
- Continuez ainsi jusqu'à assembler toutes les pointes.

5

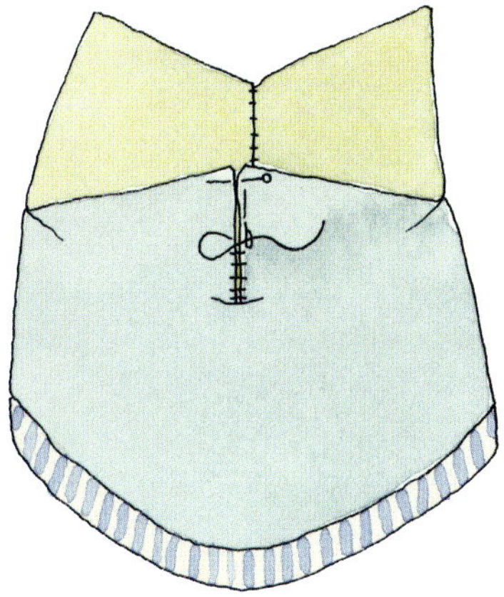

6

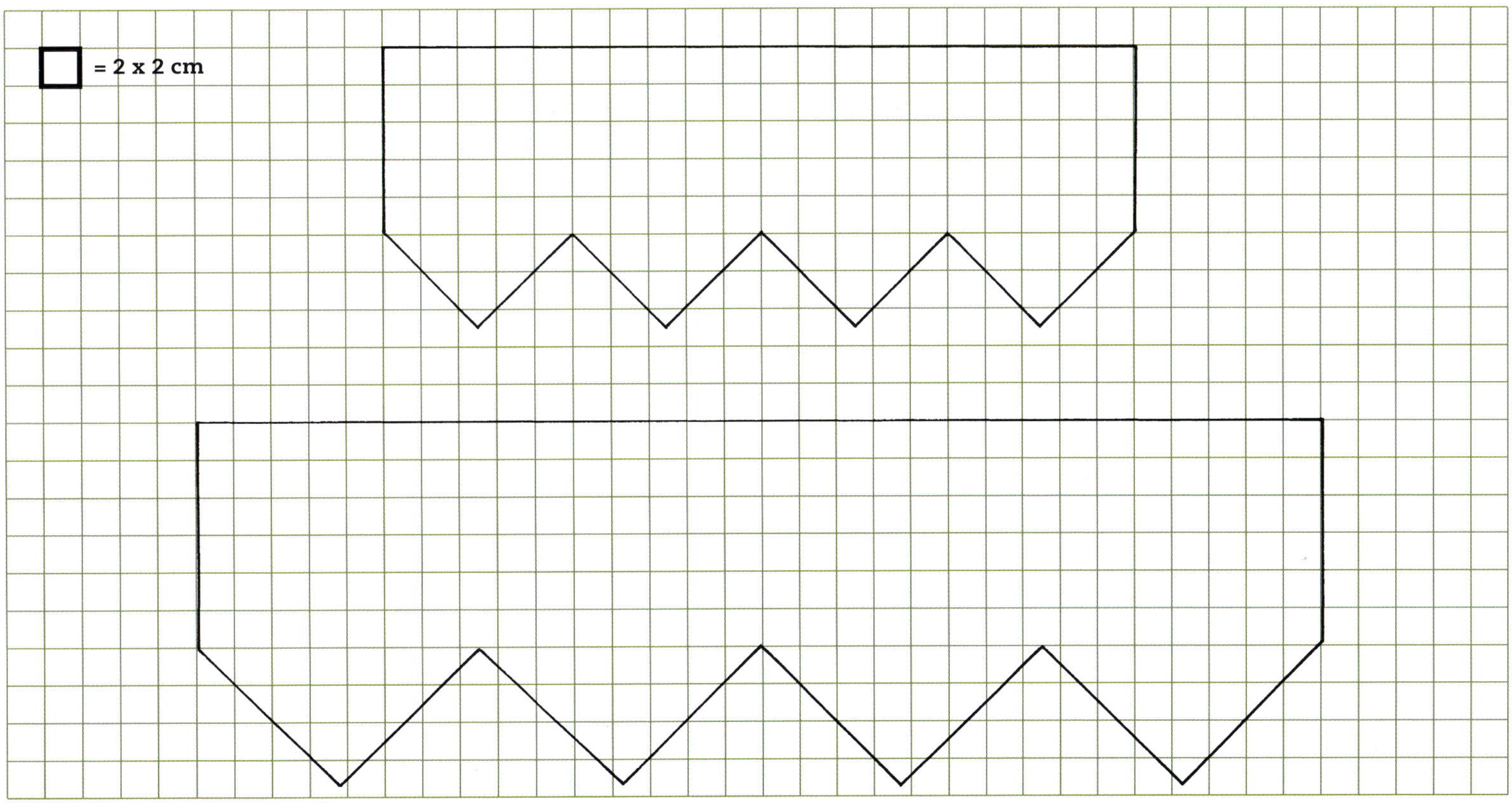

PORTE-MONNAIE

Ce modèle est présenté en deux tailles, le plus petit mesure 12 cm de largeur et 9 cm de hauteur environ, le plus grand 15 x 10 cm. L'un et l'autre sont confectionnés selon la même méthode, et tous deux contiennent une poche accordéon à cinq compartiments et un ruban agrippant pour la fermeture. Pour rigidifier le porte-monnaie, utilisez de la viseline bien épaisse. Le patron figure à la page 96.

FOURNITURES

	PETIT	GRAND
Tissu	20 x 60 cm	25 x 70 cm
Viseline épaisse	20 x 30 cm	25 x 35 cm
Ruban agrippant	3,5 x 5 cm	3,5 x 5 cm
Viseline épaisse pour la poche	11,5 x 30,5 cm	14,5 x 31,5 cm
Tissu pour la poche	11,5 x 64 cm	14,5 x 67 cm
Tissu pour le biais	4 x 20 cm	4 x 25 cm

- Dans le tissu plié en deux, coupez une pièce du corps et une pièce du rabat en vous reportant au patron.
- Reproduisez également une pièce du corps et une pièce du rabat dans la viseline.
- Coupez les pièces dans la viseline en laissant un surplus de couture, sauf au niveau de la pliure. Appliquez la viseline sur l'envers des pièces en tissu.
- Ouvrez le ruban agrippant. Placez la partie velours et la partie crochets aux endroits prévus sur le patron, l'envers du ruban contre l'endroit du tissu, la viseline étant à l'arrière.
- Piquez les parties du ruban agrippant à 1-2 mm de surplus de couture.
- Placez deux pièces du rabat endroit contre endroit, puis piquez à une largeur de pied machine, voir ill. 1.

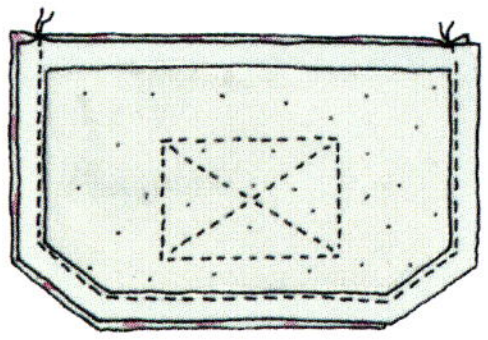
1

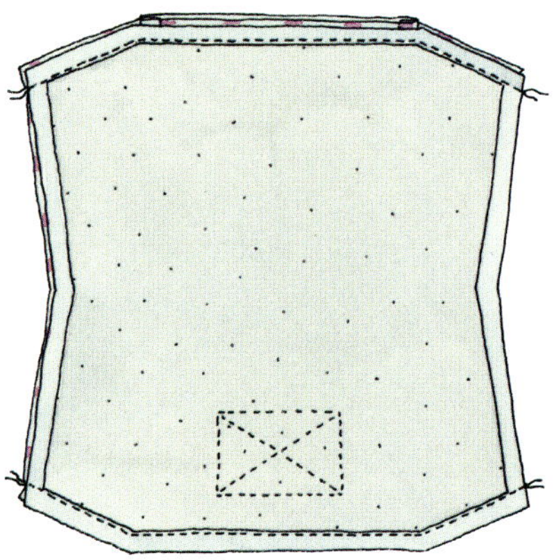
2

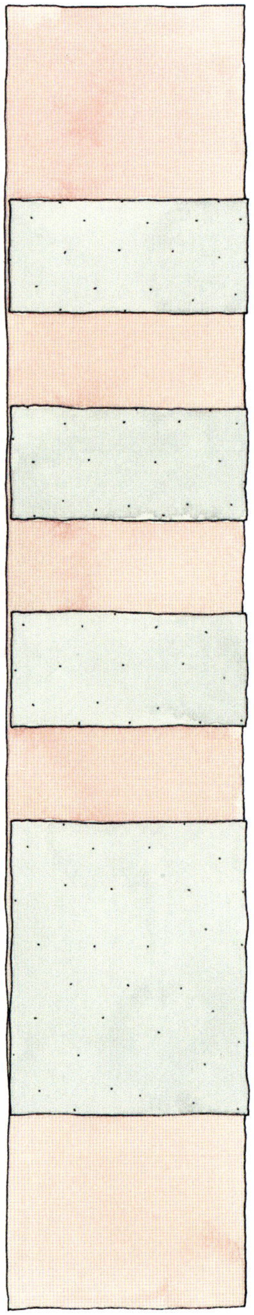
3

- Retournez sur l'endroit puis surpiquez à 5 mm du bord.
- Placez l'extérieur et l'intérieur du porte-monnaie endroit contre endroit, insérez le rabat, face extérieure contre la face extérieure du porte-monnaie.
- Piquez à une largeur de pied machine comme indiqué sur ill. 2.
- Retournez sur l'endroit puis surpiquez à 5 mm du bord.
- Pour le petit modèle, divisez la viseline pour la poche intérieure en trois morceaux de 5,5 x 11,5 cm et un morceau de 14 x 11,5 cm. Pour le grand modèle, divisez la viseline pour la poche intérieure en trois morceaux de 5,5 x 14,5 cm et un morceau de 15 x 14,5 cm.
- Placez les pièces de viseline sur le tissu de la poche, voir ill. 3. Pour le petit modèle, placez le grand morceau à 9,25 cm d'une extrémité, pour le grand modèle, placez ce morceau à 10 cm d'une extrémité. Prévoyez 4,5 cm d'intervalle entre les pièces de viseline. Appliquez au fer.
- En vous reportant à l'ill. 4, repassez les plis, puis surpiquez.

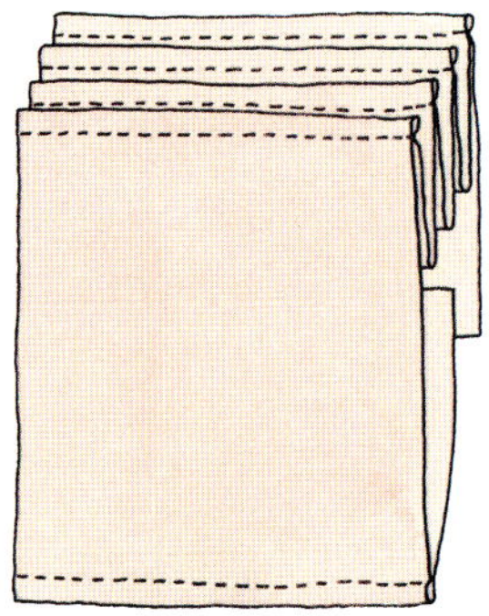
4

- Pliez les côtés les plus courts de la poche endroit contre endroit, puis piquez à une largeur de pied machine. Écartez la couture au fer puis retournez sur l'endroit.
- Formez un accordéon puis faites des coutures à 2 mm du bord et en réglant la longueur du point à 2.
- Placez la poche sur l'intérieur du porte-monnaie.
- Piquez le long de la pliure du porte-monnaie, puis faufilez les côtés de la poche, voir ill. 5.
- Repliez un côté du porte-monnaie sur la poche, le pli doit être aligné avec le bord de la poche, voir ill. 6.
- Piquez à 5 mm du pli. Faites éventuellement une couture de renfort, voir ill. 6.
- Repliez l'autre côté du porte-monnaie puis piquez en suivant la même méthode.
- Ôtez les faufils puis pliez le porte-monnaie endroit contre endroit à l'endroit de la pliure du fond.
- Piquez la bande de biais sur les soufflets en vous reportant aux instructions de la page 8 et à l'ill. 7.
- Retournez enfin sur l'endroit.

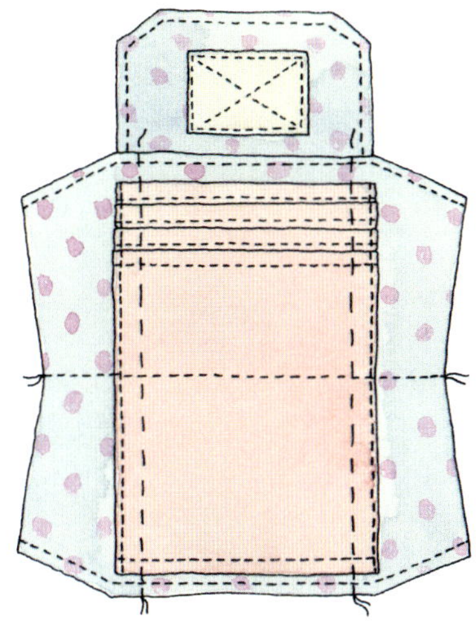

5

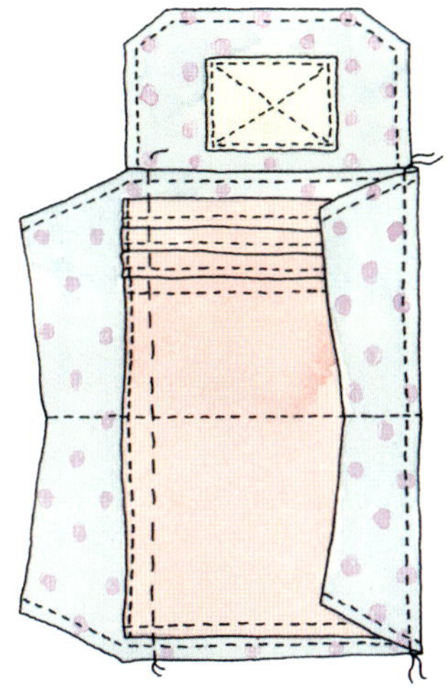

6

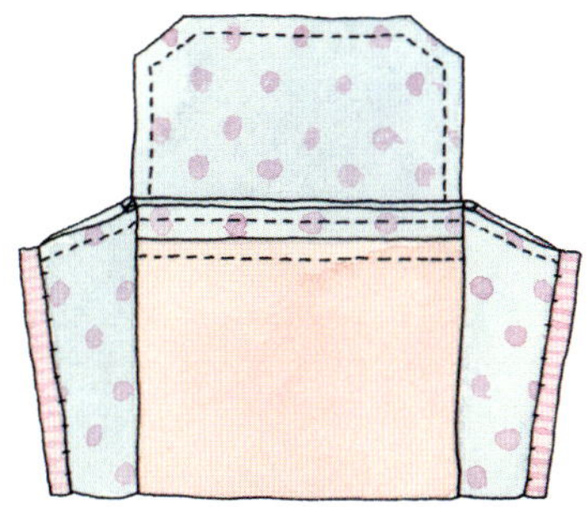

7

ÉTUIS POUR APPAREIL PHOTO ET TÉLÉPHONE PORTABLE

Ce modèle est adapté aux téléphones mesurant 2 x 4,5 x 10 cm et aux appareils photo mesurant 2 x 9,5 x 6 cm. Cependant, il est aisé de modifier les dimensions de l'étui en fonction de l'appareil. Le modèle est différent selon l'usage ; ils sont cousus selon la même méthode, à ceci près que le rabat de l'étui pour appareil photo a des côtés obliques (le patron figure à la page 94). Pour créer une protection contre les chocs, appliquez de la viseline épaisse ou de la ouate de cellulose à l'intérieur de l'étui.
À la page 72, vous trouverez les instructions pour la fabrication d'une bandoulière adaptée aux étuis.

FOURNITURES

	ÉTUI TÉLÉPHONE	ÉTUI APPAREIL PHOTO
Tissu du rabat	7,5 x 16 cm	14 x 16 cm
Viseline épaisse du rabat	7,5 x 16 cm	14 x 16 cm
Ruban agrippant	4 x 5 cm	4 x 5 cm
Tissu pour l'attache	6 x 6 cm	6 x 6 cm
Un anneau de porte-clefs		
Tissu de la bande arrière	10 x 10 cm	10 x 10 cm
Viseline épaisse de la bande arrière	8 x 10 cm	8 x 10 cm
Tissu pour l'extérieur	12 x 29 cm,	16 x 24 cm
Tissu pour la doublure	12 x 29 cm	16 x 24 cm
Viseline épaisse / Ouate de cellulose	9 x 29 cm	13 x 24 cm

• Appliquez la viseline sur l'envers du tissu pour le rabat.
• Placez la partie crochets du ruban agrippant sur le tissu, de sorte que le côté le plus long du ruban soit situé à 5 mm du milieu du tissu, voir ill. 1, puis piquez.
• Pliez le tissu endroit contre endroit puis piquez les côtés, voir ill. 2.
• Retournez sur l'endroit puis surpiquez les côtés.
• Confectionnez une attache pour l'anneau en suivant les instructions de la page 10. Passez l'attache dans l'anneau, voir ill. 3.
• Appliquez la viseline sur l'envers du tissu pour la bande arrière; en la plaçant au milieu. Préparez un bâti le long d'un côté, voir ill. 4a.
• Pliez le tissu endroit contre endroit puis piquez le côté le plus long à une largeur de pied machine.
• Écartez la couture au fer en la plaçant au milieu de la bande, puis piquez l'une des extrémités à une largeur de pied machine, voir ill. 4b.
• Retournez sur l'endroit puis faites un pli sur l'envers le long du bâti. Insérez l'attache dans l'ouverture, puis fermez au point glissé, voir ill. 4c.
• Appliquez au fer ou faufilez la viseline ou la ouate de cellulose sur l'envers du tissu extérieur. Placez le rabat sur le tissu extérieur, endroit contre endroit, voir ill. 5.
• Placez la doublure sur le tissu extérieur, endroit contre endroit, puis piquez le bord inférieur à une largeur de pied machine, voir ill. 5.
• Retournez sur l'endroit puis surpiquez.
• Piquez la partie velours du ruban agrippant ainsi que la bande arrière sur le tissu extérieur, voir ill. 6. Plissez légèrement la bande et ne piquez que sur les extrémités, ainsi, vous pourrez y insérer une ceinture.
• Pliez la pièce doublure contre doublure puis piquez à 5 mm de surplus de couture, voir ill. 7.
• Retournez la pièce sur l'envers puis piquez les côtés à une largeur de pied machine.
• Retournez enfin la pièce sur l'endroit.

1

2
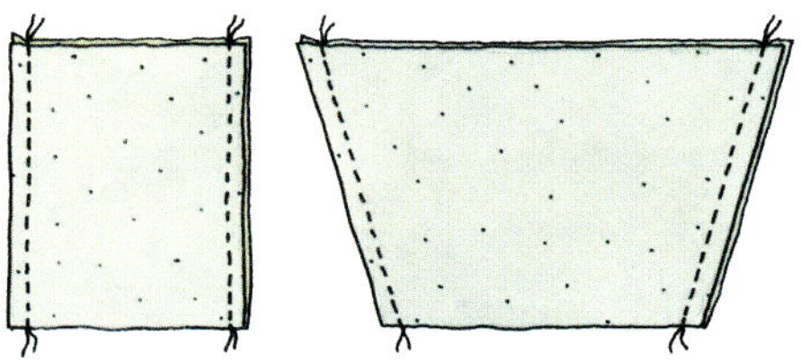

3

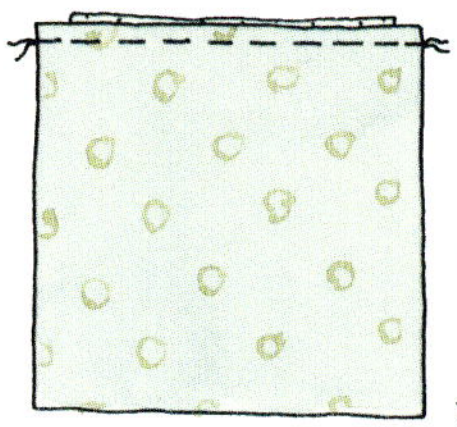
4a

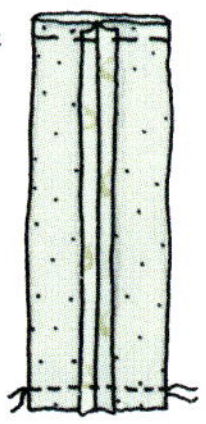
4b

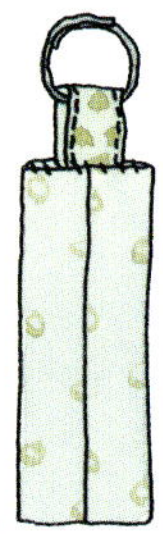
4c

5

6

7

BANDOULIÈRE

Une bandoulière avec mousqueton permet par exemple d'attacher un porte-clefs ou un étui de téléphone. Modifiez la longueur selon vos besoins.

FOURNITURES

Tissu : 8 x 50 cm
Un mousqueton

- Pliez et repassez le tissu comme indiqué sur l'ill. 1 page 10.
- Enfilez le mousqueton dans la bande. Ouvrez les plis au niveau des extrémités puis piquez les extrémités à une largeur de pied machine.
- Ouvrez la couture avec le doigt, puis repliez la bande.
- Piquez à 2 mm du bord, en faisant glisser le mousqueton à mesure de la couture.
- Épinglez le tissu au-dessous du mousqueton, puis piquez en travers de la bande, voir ill. ci-dessous.

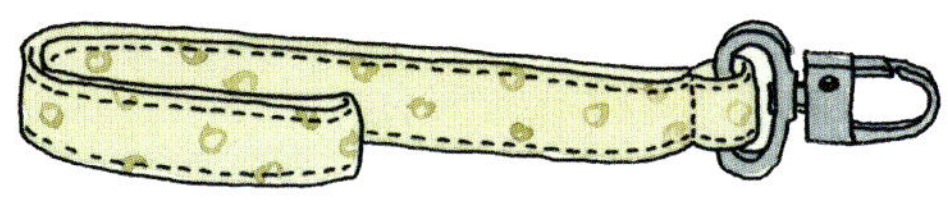

SAC ORIGAMI RÉVERSIBLE

Le sac est le résultat d'un pliage à partir d'un rectangle de tissu assemblé au point glissé. Au moment du pliage, la forme du sac peut varier légèrement. Les modèles présentées sont confectionnés à partir de deux pièces de scrap-patchwork, qui sont cousues puis étroitement quiltées.
Le petit modèle mesure 36 cm de largeur et 35 cm de hauteur, le grand modèle 48 cm de largeur et 44 cm de hauteur.

FOURNITURES

	PETIT	GRAND
Tissu, 2 coupons de	32 x 72 cm	42 x 92 cm
Viseline épaisse	32 x 72 cm	42 x 92 cm
2 œillets de	10,5 mm	10,5 mm
Tissu pour l'anse	9,5 x 70 cm	9,5 x 80 cm
Viseline pour l'anse	9,5 x 70 cm	9,5 x 80 cm
4 boutons (facultatif)		

SAC

- Confectionnez deux pièces de scrap-patchwork, l'ill. 1 présente un exemple.
- Appliquez la viseline sur l'envers d'une seule pièce.
- Préparez un bâti de 12 cm de longueur environ sur chaque pièce pour l'ouverture.
- Placez les pièces endroit contre endroit.
- Piquez à une largeur de pied machine, sauf au niveau de l'ouverture.
- Retournez sur l'endroit puis piquez l'ouverture au point glissé.
- Quiltez la pièce selon votre goût, l'ill. 2 présente un exemple de quilting.
- Pliez la pièce en vous aidant de l'ill. 3.
- Posez les œillets dans les coins supérieurs, voir ill. 3. Suivez pour cela les instructions figurant sur le kit.

1

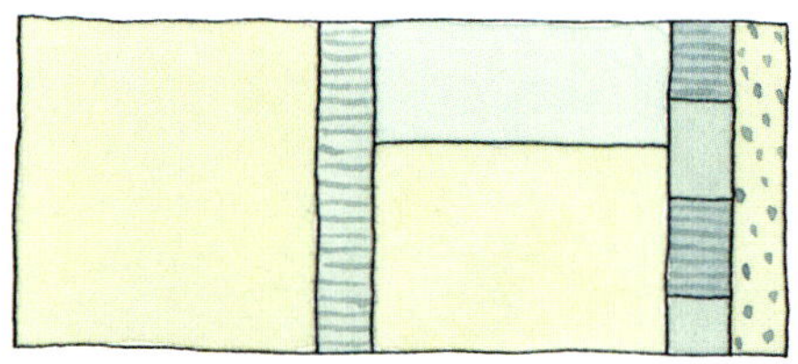

2

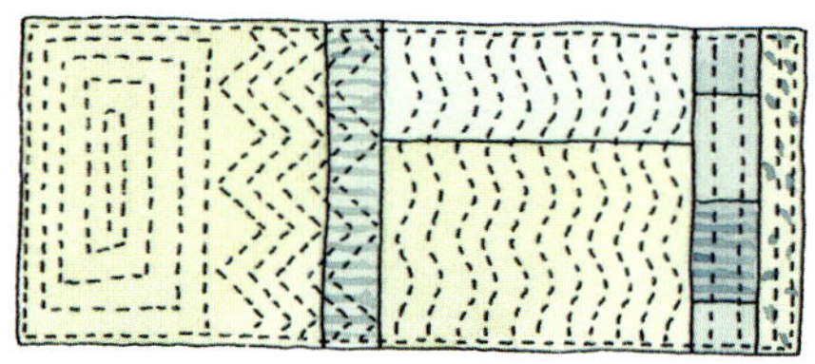

- Repliez la pointe de gauche sur le milieu de la pièce, voir ill. 4.
- Retournez l'ensemble puis repliez l'autre pointe sur le milieu de la pièce, voir ill. 5a. Si vous resserrez les côtés vers le milieu de la pièce, l'ouverture sera plus petite, voir ill. 5b. En revanche, si vous étirez les côtés, l'ouverture sera plus grande et le sac plus large, voir ill. 5c.
- Piquez la première face au point glissé, vous pouvez éventuellement dissimuler la pointe à l'intérieur du sac, voir ill. 6.
- Retournez le sac puis piquez la seconde face au point glissé.
- Cousez éventuellement un bouton de chaque côté du sac, dans le creux des pointes, pour renforcer la couture.

ANSE

- Appliquez la viseline sur le tissu pour l'anse.
- Pliez le tissu endroit contre endroit puis piquez le côté le plus long à une largeur de pied machine et en prévoyant une ouverture de 6 cm de longueur.
- Écartez la couture au fer et placez-la au milieu de la bande.
- Piquez les extrémités de biais, voir ill. 7.
- Retournez sur l'endroit, piquez l'ouverture au point glissé, puis quiltez la bande.
- Glissez les extrémités de l'anse dans les œillets du sac, puis faites un nœud de chaque côté.

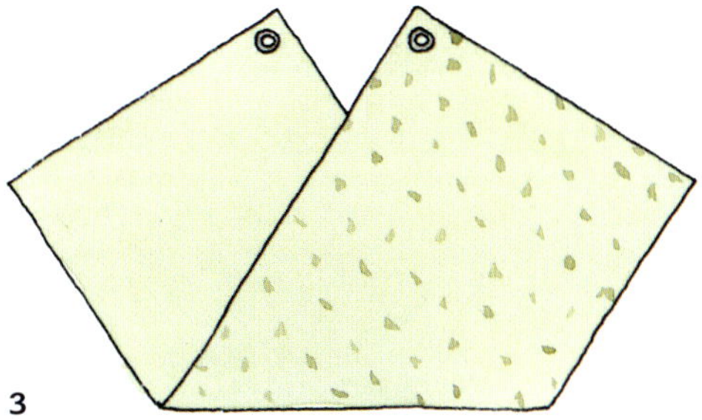
3

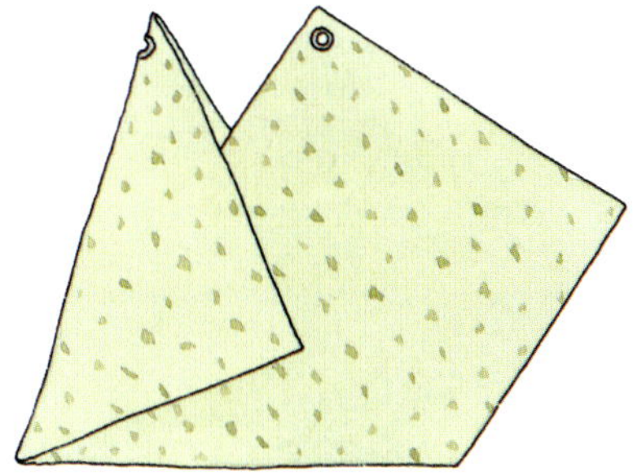
4

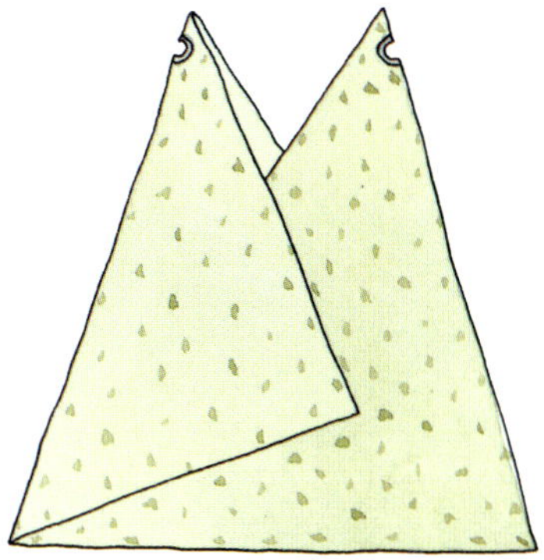
5a

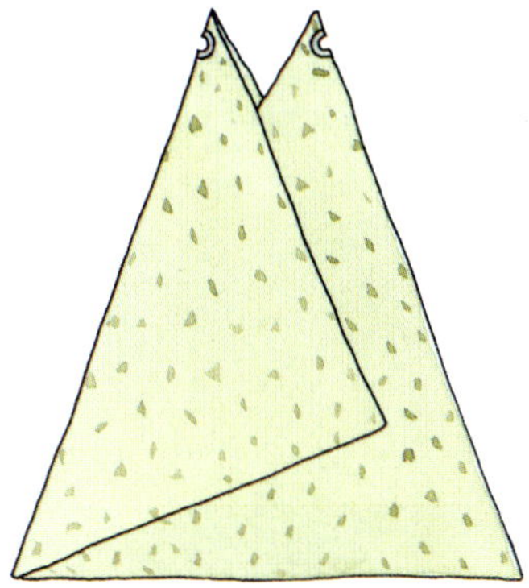
5b

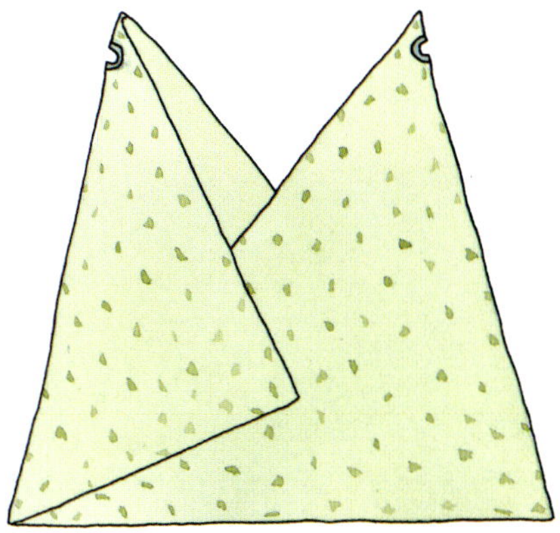
5c

6

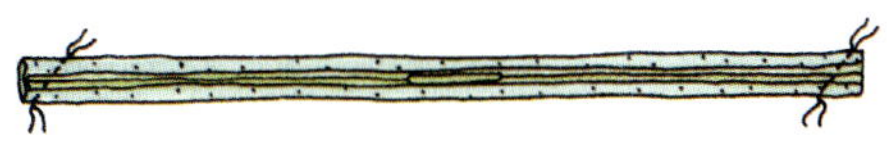
7

PORTE-MONNAIE CARRÉ

Lorsqu'il est ouvert, ce petit porte-monnaie a la forme d'une boîte ; pour le refermer, on replie les côtés, il est alors plat. Le modèle est présenté ici en deux tailles : le plus petit mesure 9 x 9 cm, et le plus grand 11 x 11 cm. Rigidifiez avec de la viseline épaisse.

FOURNITURES

	PETIT	GRAND
Viseline épaisse	21 x 21 cm	25 x 25 cm
Tissu pour l'extérieur	23 x 23 cm	27 x 27 cm
Tissu pour l'intérieur	23 x 23 cm	27 x 27 cm

- Reproduisez sur la viseline le quadrillage de l'ill. 1a ou 1b, selon la taille du modèle.
- Découpez les coins comme indiqué sur ill. 2.
- Placez la viseline sur l'envers du tissu extérieur puis appliquez-la au fer.
- Tracez le surplus de couture sur l'envers du tissu, voir ill. 3.
- Placez le tissu extérieur et le tissu intérieur endroit contre endroit, puis piquez l'extrémité des quatre rabats, voir ill. 3.
- Découpez les coins en suivant le trait, puis crantez les coins des rabats, voir ill. 4.
- Retournez sur l'endroit.
- Marquez les lignes de pliage ainsi que le fond du porte-monnaie, voir ill. 5. Les lignes de pliage forment un angle de 45 degrés avec les lignes du fond.

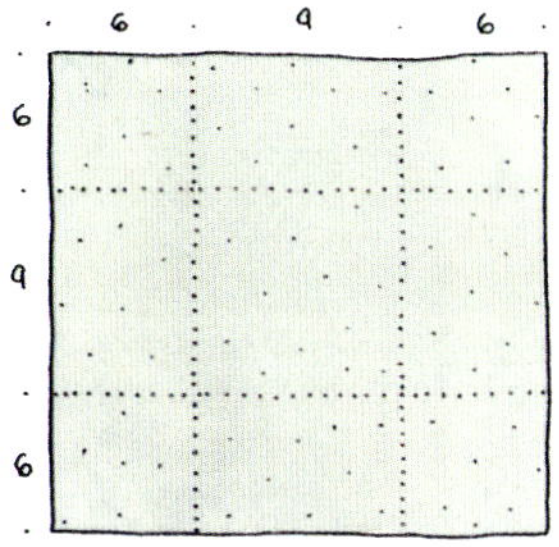

1a

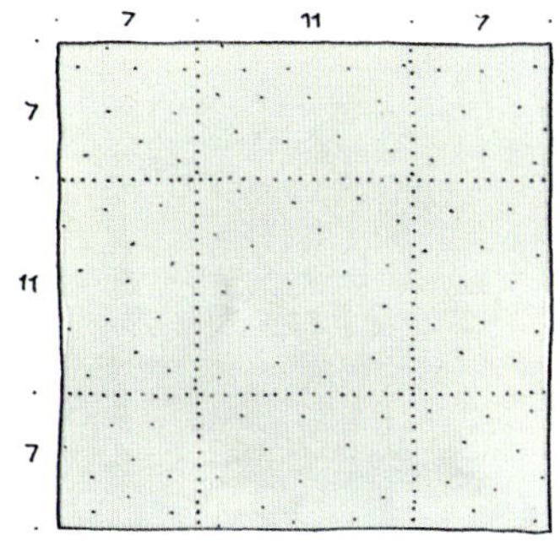

1b

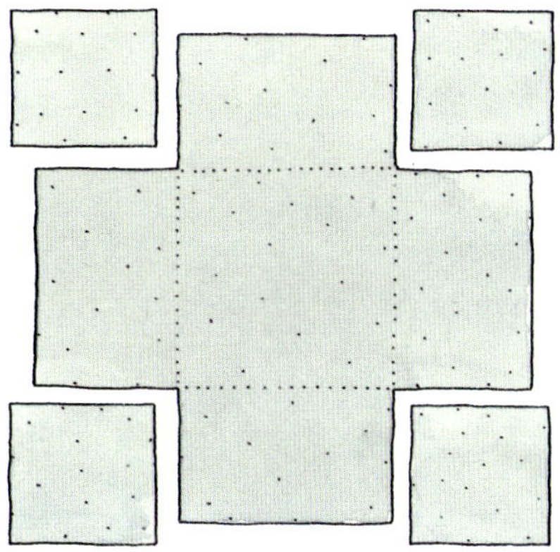
2

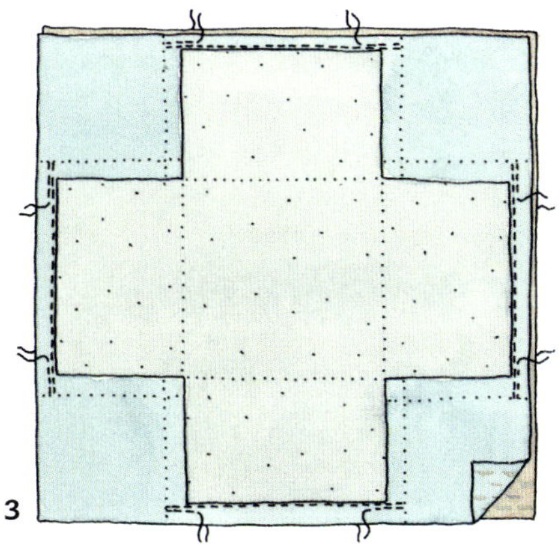
3

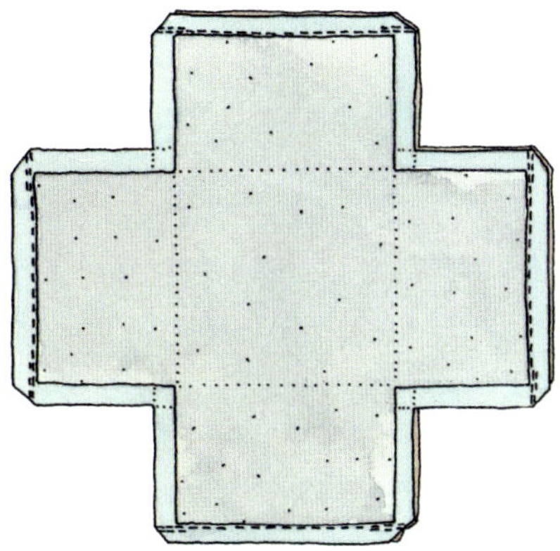
4

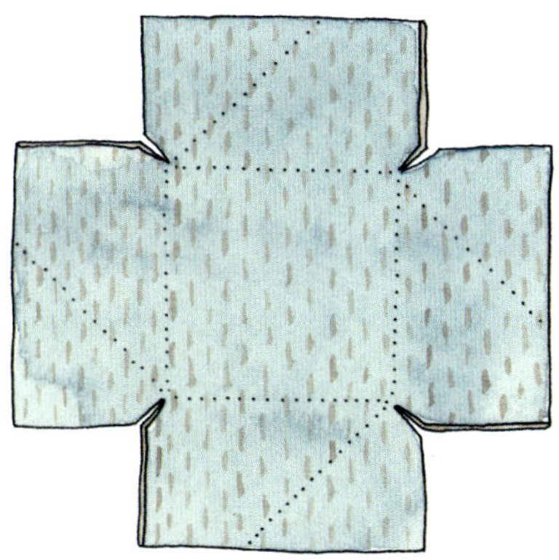
5

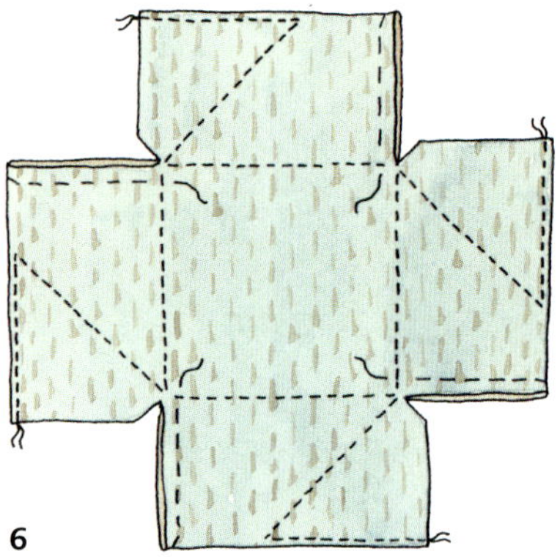

6

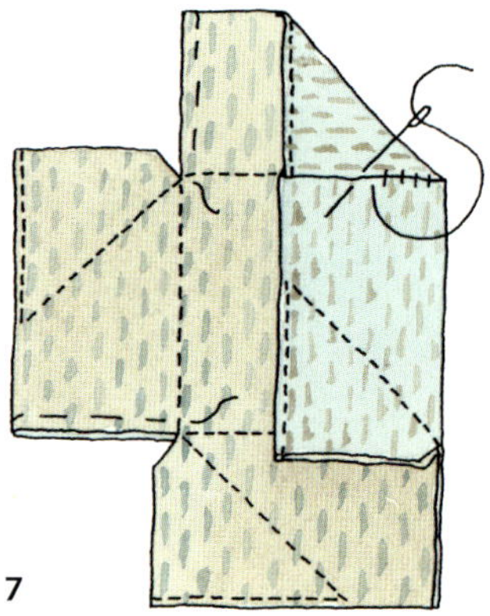

7

- Pliez les rentrés de couture puis faufilez sur l'envers, voir ill. 6, en laissant une ouverture entre le tissu extérieur et le tissu intérieur.
- Piquez en suivant les lignes, laissez de longues queues de fil, rentrez-les dans les épaisseurs de tissu et de viseline.
- Relevez deux côtés puis placez le rentré de couture déplié à l'intérieur du côté faufilé. Piquez au point glissé sur les deux faces, voir ill. 7.
- Piquez les trois autres coins en suivant la même méthode.
- Pliez le porte-monnaie en suivant les lignes et les coutures, repassez avec beaucoup de vapeur puis placez la pièce sous une presse jusqu'à ce qu'elle soit sèche.
  Si le porte-monnaie a tendance à se ramollir avec le temps, répétez cette opération.

PORTE-MONNAIE CARRÉ « FOUR-PATCH »

FOURNITURES

	PETIT	GRAND
4 carrés de tissu	15 x 15 cm	18 x 18 cm

- Piquez les carrés ensemble à une largeur de pied machine. Écartez les couture au fer.
- Préparez la viseline en vous reportant aux illustrations 1a et 1b page 75.
- Placez la viseline sur les carrés assemblés, puis appliquez-la au fer, voir ill. 8.
- Continuez la réalisation du porte-monnaie en suivant les instructions des pages 75 et 76.

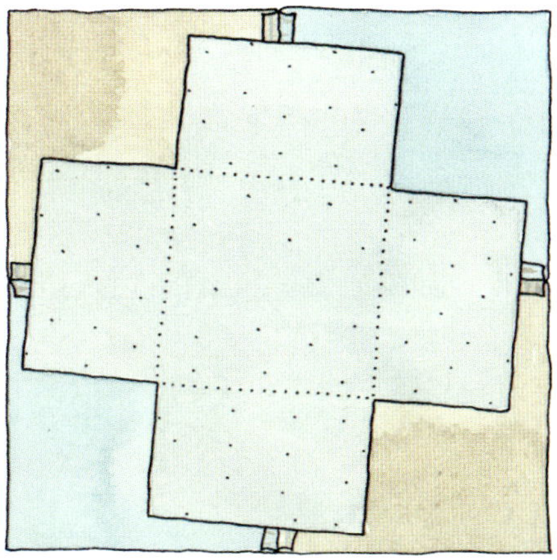
8

BOURSE RONDE

La bourse est conçue à partir de 16 trapèzes étroits qui forment un disque.
Une fois l'ensemble doublé, on coud une nervure le long de chaque couture, puis on fixe 8 ou 16 œillets, les photographies présentent différentes possibilités.
Enfin, on glisse le cordon dans les œillets.
Ici, les instructions valent pour une bourse formée de 16 pièces ; vous pouvez choisir de limiter leur nombre à 8.
Le patron figure aux pages 94 et 95.
Le petit modèle mesure 40 cm de diamètre, le grand modèle 50 cm environ.

FOURNITURES

	PETITE	GRANDE
Tissu, 16 pièces de	18 x 20 cm	22 x 25 cm
Tissu pour la doublure	52 x 52 cm	60 x 60 cm
Entoilage souple	52 x 104 cm	60 x 120 cm
Carton	7 x 7 cm	7 x 7 cm
Tissu X 2	10 x 10 cm	10 x 10 cm
Viseline épaisse	10 x 20 cm	10 x 20 cm
8 ou 16 œillets		
Cordon, 1 ou 2 morceaux de	130 cm	130 cm

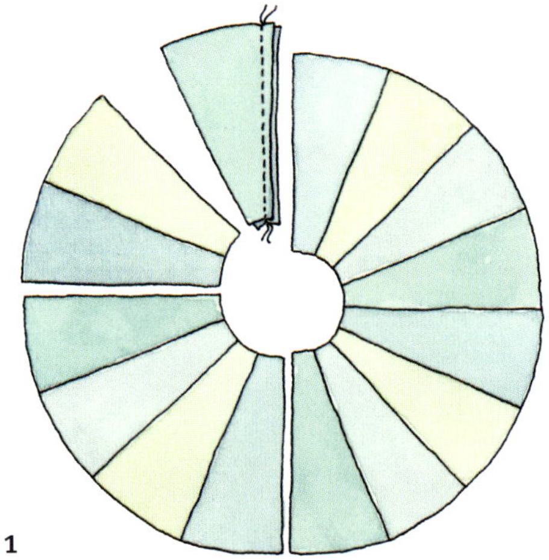

1

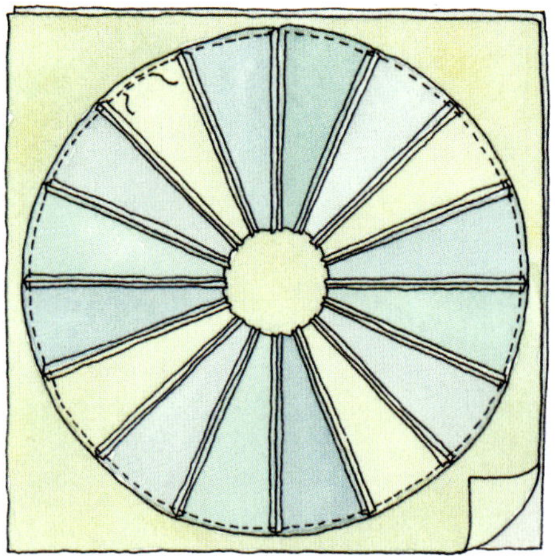

2

- Découpez 16 trapèzes en suivant le patron.
- Placez deux pièces endroit contre endroit, puis piquez le long d'un côté à une largeur de pied machine, voir ill. 1.
- Continuez à assembler les pièces endroit contre endroit jusqu'à former un disque complet.
- Écartez toutes les coutures au fer.
- Placez le disque et la doublure endroit contre endroit, pliez l'entoilage en deux et placez-le sous la doublure.
- Piquez à une largeur de pied machine en suivant le trait extérieur du disque, voir ill. 2.
- Coupez la doublure et l'entoilage en suivant le contour du disque, puis retournez sur l'endroit par l'ouverture au centre du disque.
- Repassez au fer puis surpiquez à 5 mm du bord extérieur du disque.
- Faufilez l'ouverture puis coupez l'entoilage et la doublure pour ôter le disque central.

NERVURES

- Pliez le disque intérieur contre intérieur, de sorte qu'une couture d'assemblage soit placée au niveau du pli.
- Piquez une nervure à 5 mm du pli. Faites quelques points arrière au niveau du centre du disque, voir ill. 3, et sécurisez les queues de fil à l'extérieur du disque par un nœud de quilt, voir page 9.
- Continuez à plier le disque intérieur contre intérieur et piquez une nervure le long de chaque couture.

Variante : Pliez le disque extérieur contre extérieur une fois sur deux, puis piquez une nervure sur deux à l'intérieur, voir ill. 4.

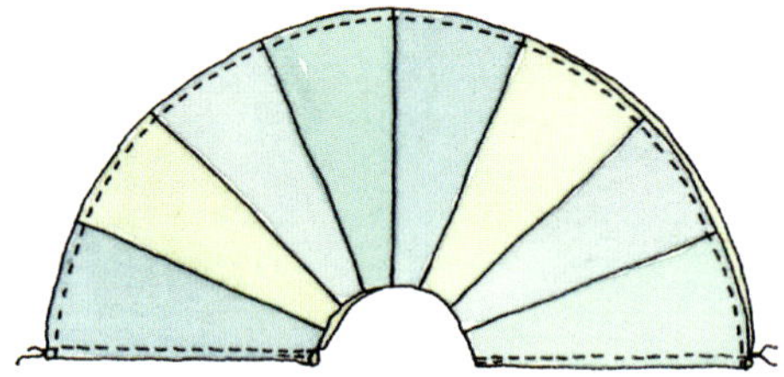

3

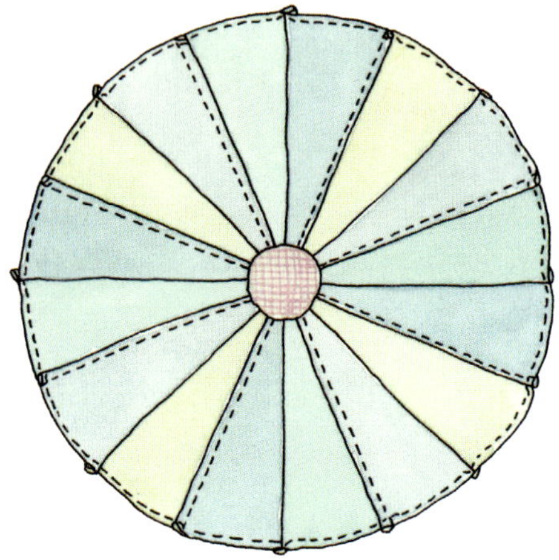

4

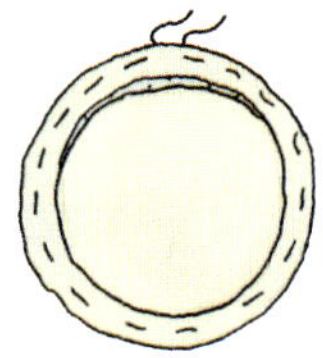

5a

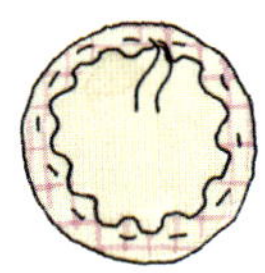

5b

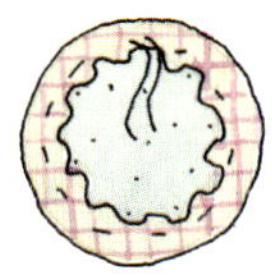

5c

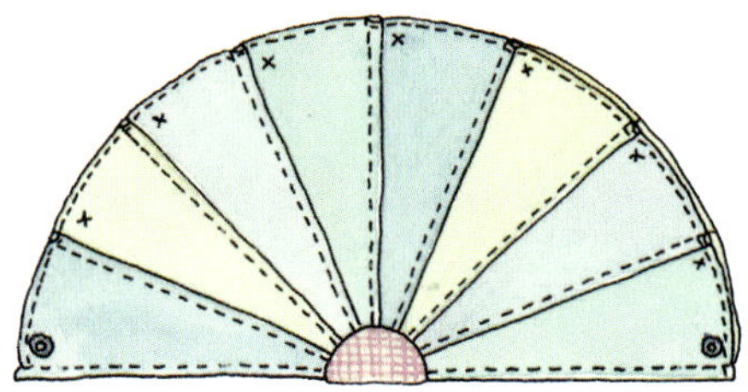

6

FOND

- Sur le carton, tracez un cercle de 6,5 cm de diamètre puis découpez le gabarit.
- À l'aide de ce gabarit, tracez deux cercles sur le tissu. Découpez les disques à 1 cm de surplus de couture.
- Faufilez le contour de chaque disque, voir ill. 5a.
- Dans la viseline épaisse, découpez quatre disques à l'aide du gabarit, placez-en deux sur chaque disque en tissu.
- Placez le disque en carton sur la viseline, tirez sur le faufil puis repassez au fer, voir ill. 5b.
- Ôtez le disque en carton, voir ill. 5c.
- Placez un disque sur l'ouverture extérieure de la bourse. Piquez au point glissé.
- Piquez le second disque sur l'ouverture intérieure de la bourse.

ŒILLETS

- Marquez les emplacement des œillets, à 1,5 cm du bord, voir ill. 6.
- Posez les œillets en suivant les instructions figurant sur le kit.
- Glissez le ou les cordons dans les œillets.
- Confectionnez une enveloppe pour les extrémités du cordon, voir page 12.

Variante : Posez les œillets à l'intérieur de la bourse comme illustré ci-contre.

SACOCHE À ORDINATEUR

Étant donné qu'il existe des ordinateurs portables de dimensions différentes, il est conseillé de prendre les mesures de la machine et d'adapter ensuite le patron à celles-ci. Le patron et la liste des fournitures de ce modèle conviennent pour un ordinateur de 33 x 26 x 3,5 cm. La sacoche est une housse pouvant s'ouvrir complètement en deux, elle comporte une bordure où courent deux fermetures à glissière, de part et d'autre de la sacoche. Pour protéger l'ordinateur, un rabat, cousu à l'arrière des fermetures à glissière, est prévu. Le patron de la sacoche figure à la page 93. Le patron de la fleur quiltée figure à la page 91.

FOURNITURES

Tissu pour le rabat	6 x 110 cm
Viseline épaisse pour le rabat	2 x 110 cm
Tissu pour l'extérieur de la bordure	2 pièces de 4,5 x 110 cm
Tissu pour la doublure de la bordure	2 pièces de 4,5 x 110 cm
Viseline épaisse pour la doublure de la bordure	2 pièces de 4,5 x 110 cm
2 fermetures à glissière	55 cm
Tissu pour l'extérieur, dessus et dessous	40 x 80 cm
Tissu pour la doublure, dessus et dessous	40 x 80 cm
Molleton	40 x 80 cm
Tissu pour la poche	40 x 30 cm
Viseline épaisse pour la poche	40 x 30 cm
Tissu pour la charnière	14 x 16 cm
Viseline épaisse	14 x 14 cm
Tissu pour l'enveloppe de la fermeture à glissière	2 pièces de 6 x 9 cm
Tissu les anses	2 pièces de 10 x 40 cm
Viseline épaisse pour les anses	2 pièces de 10 x 40 cm

1

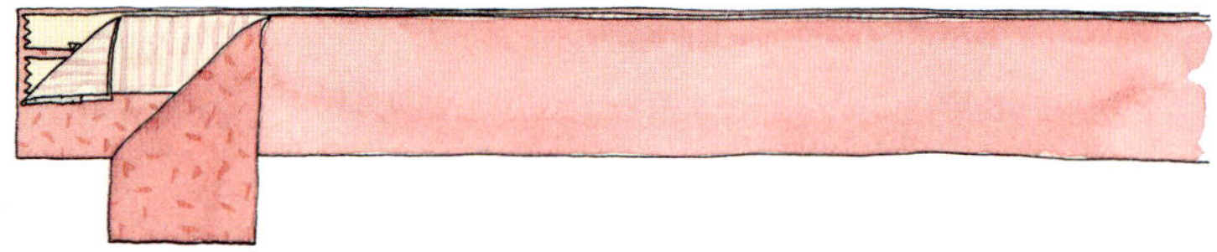

3

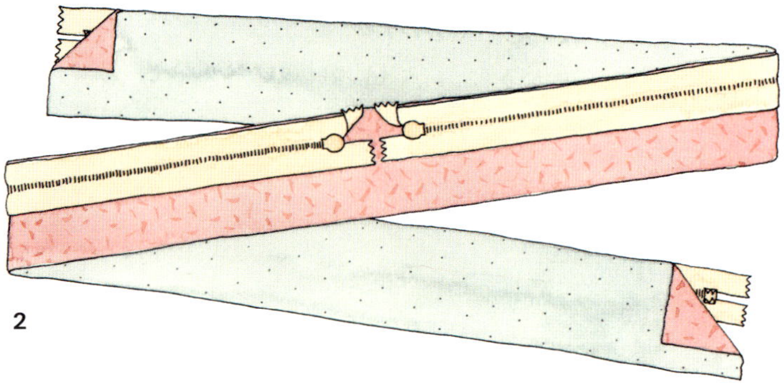

2

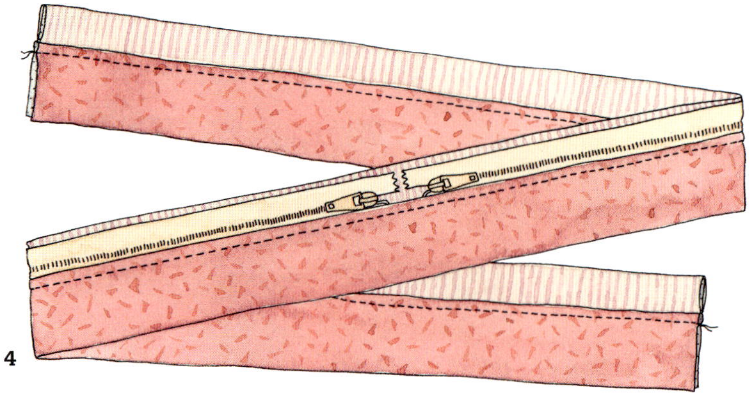

4

BORDURE ET RABAT

- Pliez le tissu pour le rabat en deux dans la longueur puis repassez.
- Dépliez, placez la viseline le long du pli, puis appliquez au fer. Repliez le rabat, voir ill. 1.
- Appliquez la viseline sur l'envers des deux tissus extérieurs de la bordure, voir ill. 2.
- Placez l'endroit rabat sur l'envers de la fermeture à glissière, bord à bord, puis placez l'envers d'une pièce de doublure de la bordure sur l'envers du rabat, voir ill. 3.
- Piquez à une largeur de pied machine.
- Retournez sur l'endroit. Placez l'extérieur de la bordure le long des dents de la fermeture à glissière, et le rabat à l'arrière de la fermeture. Tendez soigneusement la doublure de la bordure à partir de la fermeture, puis repassez.
- Surpiquez à 5 mm environ de la fermeture à glissière, voir ill. 4.
- De la même façon, piquez l'autre pièce extérieure et l'autre pièce de la doublure contre l'autre côté de la fermeture à glissière, endroit contre endroit, tout en dépliant le rabat.
- Recoupez les extrémités de la bordure, de sorte qu'elle mesure 108 cm. Piquez en travers de la fermeture à glissière au niveau des extrémités pour éviter qu'elle ne se désolidarise.

DESSUS ET DESSOUS DE LA SACOCHE

- Placez le tissu extérieur et la doublure envers contre envers, insérez le molleton à l'intérieur.
- Quiltez l'ensemble, utilisez si vous le souhaitez le motif de la fleur page 91.
- Découpez une pièce dessus et une pièce dessous en vous reportant au patron page 93.

POCHE

- Appliquez la viseline sur l'envers du tissu pour la poche. Pliez le tissu envers contre envers.
- Quiltez la poche, puis recoupez pour obtenir la même largeur que le dessus de la sacoche, arrondissez les angles comme pour le dessus également.
- Placez l'arrière de la poche sur l'extérieur du dessus de la sacoche.

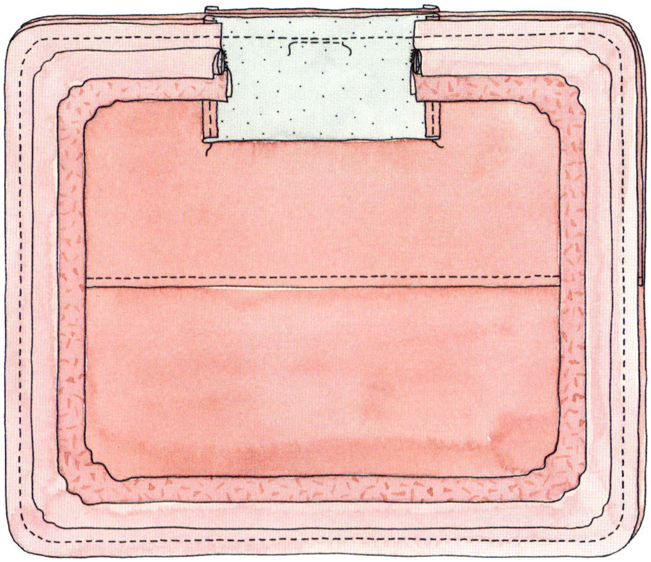

5

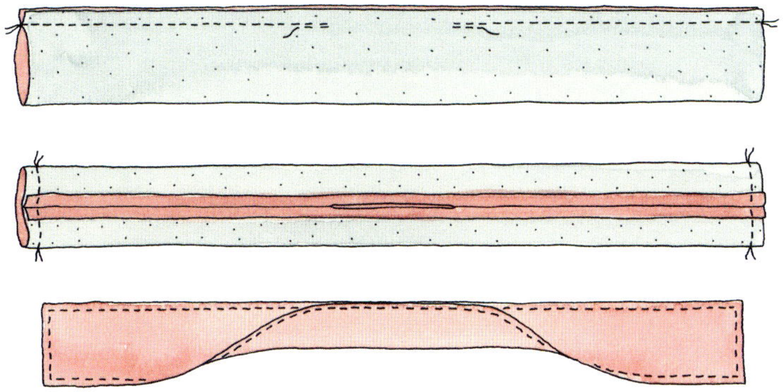

6a

6b

6c

CHARNIÈRE

- Appliquez la viseline sur l'envers du tissu pour la charnière. Pliez le rentré de couture sur l'envers, de sorte que la pièce mesure 14 x 14 cm, puis faufilez.
- Divisez l'ensemble en deux pièces de 7 x 14 cm chacune.
- Placez une pièce sur la poche, endroit contre endroit, et l'autre pièce sur la doublure, endroit contre endroit.
- Placez la bordure extérieure (le côté sans rabat) sur le dessus de la sacoche, endroit contre endroit. Mettez la doublure de la bordure de côté puis piquez à une largeur de pied machine, voir ill. 5.
- Abaissez la couture au fer sur la bordure puis pliez un rentré de couture sur l'envers de la doublure de la bordure.
- Piquez la doublure de la bordure au point glissé, de façon à dissimuler soigneusement la couture.
- Repliez l'extérieur de la charnière sur la bordure, puis piquez le long du bord au point glissé.
- Ouvrez les fermetures à glissière puis piquez le dessous avec l'autre côté de la charnière en suivant la méthode précédente, mais en mettant de côté l'intérieur de la charnière.
- Pliez le rentré de couture sur l'envers de l'intérieur de la charnière, puis repliez sur la doublure du dessous. Piquez au point glissé de long des trois côtés.
- Surpiquez éventuellement la bordure.
- Confectionnez des enveloppes pour les tirettes des fermetures à glissière, voir page 12.

ANSES

- Pour une anse : appliquez la viseline sur l'envers du tissu.
- Pliez puis piquez en laissant une ouverture, voir ill. 6a.
- Écartez la couture au fer puis placez-la au milieu de la bande, piquez enfin les extrémités, voir ill. 6b.
- Retournez sur l'endroit puis piquez l'ouverture au point glissé. Surpiquez l'anse.
- Pliez l'anse envers contre envers. Piquez au milieu de l'anse seulement, sur 12 cm environ, voir ill. 6c.
- Placez les extrémités de l'anse aux endroits prévus sur le patron, puis piquez.
- Confectionnez une seconde anse en suivant la même méthode, puis piquez-la à la sacoche.

BESACE D'ÉCOLIER

Une besace universelle, pour se rendre à l'école, au lycée ou au bureau.
Le format et les dimensions ont été déterminées pour pouvoir contenir un classeur A4, ou éventuellement un petit ordinateur portable. La besace est composée d'une grande partie principale, sur laquelle on coud une longue poche plaquée couvrant les deux faces du sac, et dont le fond est formé par deux coutures au milieu de cette pièce. Sur une face, la poche est complétée par une fermeture à glissière, sur l'autre face, la poche est ouverte, on y applique une nouvelle poche, plus petite, dont la fermeture à glissière est latérale.
Choisissez du tissu solide, limitez toutefois l'épaisseur, car la machine à coudre devra pouvoir piquer à travers sept couches de tissu pour le montage de la bandoulière.

FOURNITURES

Fermeture à glissière, petite poche	20 cm
Tissu pour les extrémités de la fermeture à glissière X 5	8 x 8 cm
Tissu pour la petite poche	27 x 34 cm
Tissu pour la grande poche	37 x 82 cm
Fermeture à glissière, grande poche	35 cm
Tissu pour la besace	47 x 95 cm
Tissu pour la bandoulière, long morceau	13 x 90 cm
Tissu pour la bandoulière, petit morceau	13 x 15 cm
Tissu pour les extrémités de la bandoulière	9 x 9 cm
6 œillets de 5 mm	
Tissu pour la boucle	6 x 20 cm
Boucle, largeur intérieure	3,25 cm
Tissu pour le passant de la ceinture	16 x 17 cm
Viseline épaisse	3,5 x 15cm
Tissu pour la bordure	12 x 89 cm
Fermeture à glissière pour la bordure	45 ou 50 cm

PETITE POCHE

- Cousez les extrémités de la petite fermeture à glissière, pour obtenir 20 cm de longueur entre les extrémités.
- Placez la fermeture à glissière et le tissu pour la petite poche endroit contre endroit à 3,25 cm du côté le plus court, puis piquez à une largeur de pied machine à partir du bord de la fermeture.
- Pliez un ourlet de 3,25 cm sur le tissu puis repliez sur le bord de la fermeture à glissière, de façon à dissimuler la couture, voir éventuellement les illustrations 9 à 11 page 25. Faufilez l'ourlet.
- Retournez sur l'endroit puis repassez la fermeture à glissière vers le haut, le tissu doit être tout proche des dents de la fermeture. Surpiquez sur l'endroit, la surpiqure doit saisir l'ourlet sur l'arrière de la fermeture.
- Recoupez les extrémités puis surfilez tout autour de la pièce, sauf au niveau de la fermeture à glissière.
- Pliez un rentré de couture de 1 cm sur l'envers des trois côtés de la pièce, puis repassez.
- Placez la petite poche sur le coupon de tissu pour la grande poche, à 6 cm du bord.
- Piquez le long des quatre côtés de la petite poche, à 2-3 mm du bord, voir ill. 1.

GRANDE POCHE

- Cousez les extrémités de la fermeture à glissière pour la grande poche, voir page 12. La fermeture doit mesurer 31 cm entre ces deux extrémités.
- Placez la fermeture à glissière et le tissu pour la grande poche endroit contre endroit à 3,25 cm du côté le plus court.
- Piquez, faites un ourlet puis surpiquez comme pour la petite poche.
- Recoupez les extrémités de la fermeture à glissière puis surfilez autour de la pièce, sauf au niveau de la fermeture.
- Faites un rentré de couture de 3 cm le long du côté opposé à la fermeture à glissière. Piquez puis surpiquez, voir ill. 1.

1

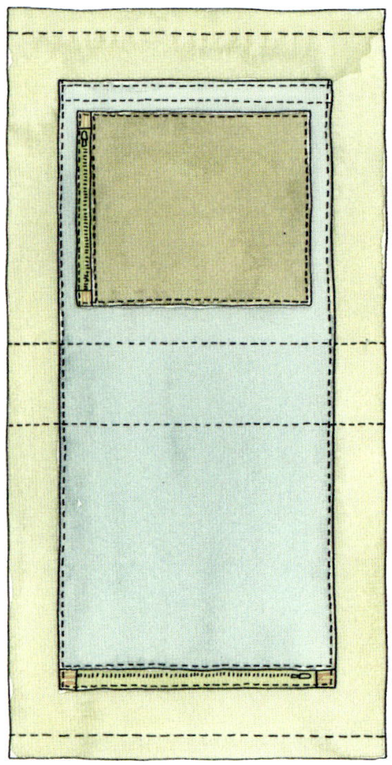

2

3

- Pliez un rentré de couture de 1 cm sur l'envers des côtés.
- Placez la poche sur le tissu pour la besace, en centrant la pièce par rapport aux côtés les plus courts. Piquez la poche sur les côtés les plus longs, à 2-3 mm de surplus de couture, et le long de la fermeture à glissière, voir ill. 2.

BESACE

- Repérez la ligne centrale du tissu pour la besace, puis faites deux coutures à 5 cm chacune de ce repère, ainsi, la largeur du sac sera de 10 cm, voir ill. 2. Ces coutures permettent également de fermer le fond des poches.
- Faites un bâti à 3 cm du bord des côtés les plus courts.
- Pliez le sac envers contre envers, placez les épingles dans les coutures marquant le fond ; puis repliez derrière les épingles. Faites les coutures de côtés à 5 mm de rentré de couture, voir ill. 3.
- Recoupez les bords bruts puis retournez sur l'envers.
- Pressez les coutures avec le doigt puis piquez les côtés à une largeur de pied machine.

BANDOULIÈRE

- Pliez le tissu des deux pièces de la bandoulière en suivant les instructions de la page 10, ill. 1 et repassez.
- Piquez les 2 côtés de la longue pièce.
- Piquez une extrémité de la longue pièce comme indiqué à ill. 4 et expliqué page 12. Retournez sur l'endroit par l'autre extrémité, pliez un rentré de couture sur l'envers puis piquez l'ouverture au point glissé.
- Posez les œillets sur la longue pièce, commencez à 13-15 cm de l'extrémité et prévoyez un intervalle de 5,5 cm entre chacun.
- Confectionnez une bande dans le tissu mesurant 6 x 20 cm en suivant les instructions de la page 10.
- Divisez la bande en deux morceaux de 10 cm et enroulez-les dans la boucle, voir ill. 5.
- Ouvrez le pli de la petite pièce de bandoulière, pliez au fer un rentré de couture sur l'envers d'une extrémité et pliez à nouveau.
- Placez la boucle et les attaches dans la petite pièce de bandoulière, puis piquez, voir ill. 6.
- Pliez un rentré de couture sur les côtés les plus courts du tissu pour le passant puis pliez pour former une bande comme expliqué page 10.
- Ouvrez le pli et placez la viseline à l'intérieur. Piquez les côtés les plus longs.
- Pliez puis piquez le passant comme indiqué aux illustrations 7a et 7b.
- Enfilez le passant sur la petite pièce de bandoulière, par l'ouverture arrière.

BORDURE

- Surfilez les extrémités de la bordure puis pliez un rentré de couture sur l'envers.
- Cousez une extrémité de la fermeture à glissière, voir page 12.
- Ouvrez la fermeture à glissière puis placez-la à 3,25 cm du bord de la bordure, endroit contre endroit, voir ill. 8. Piquez à une largeur de pied machine du bord de la fermeture.
- Piquez l'autre côté de la fermeture à glissière en suivante la même méthode, respectez la symétrie.
- Pliez un ourlet de 3,25 cm sur le tissu, faufilez, puis surpiquez comme pour la petite poche. Piquez en même temps l'ourlet des extrémités de la bordure.
- Placez la bordure sur le bord supérieur du sac, envers contre envers, puis piquez à 5 mm de rentré de couture.
- Faites un pli en suivant le bâti, afin que la couture soit placée au fond du pli. Maintenez ce pli par des épingles puis relevez la bordure, voir ill. 9.
- Placez chaque pièce de la bandoulière d'un côté et de l'autre du sac, les coutures latérales du sac doivent être au milieu ; enfoncez les pièces de la bandoulière dans le pli de la face arrière du sac, contre l'endroit de la bordure.
- Piquez au-dessus du pli, à 2 mm environ du bord, puis faites une seconde couture 2 cm plus bas.
- Ôtez les faufils.
- Confectionnez une enveloppe pour la tirette de la fermeture à glissière, de forme carrée par exemple.

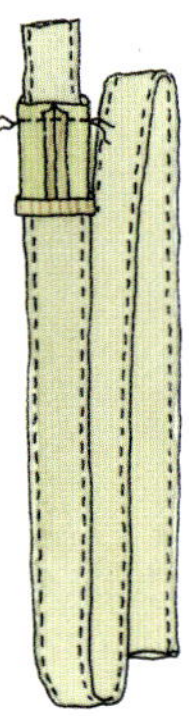
4

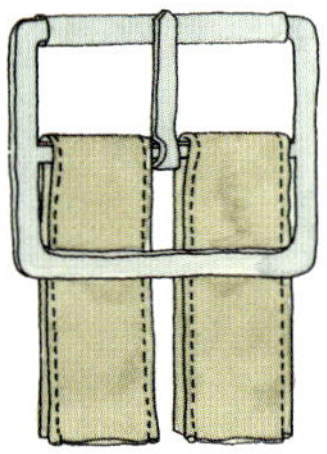
5

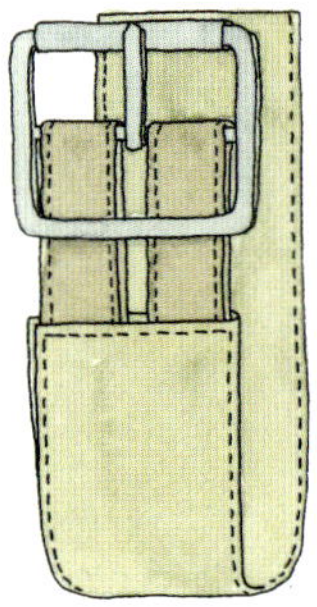
6

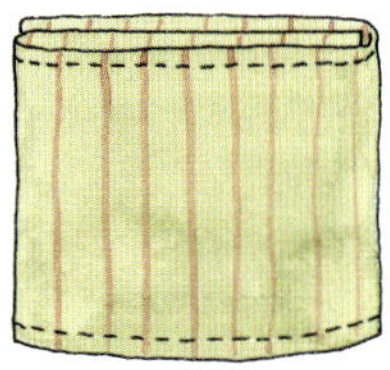
7a

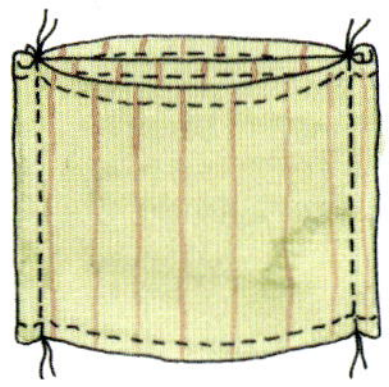
7b

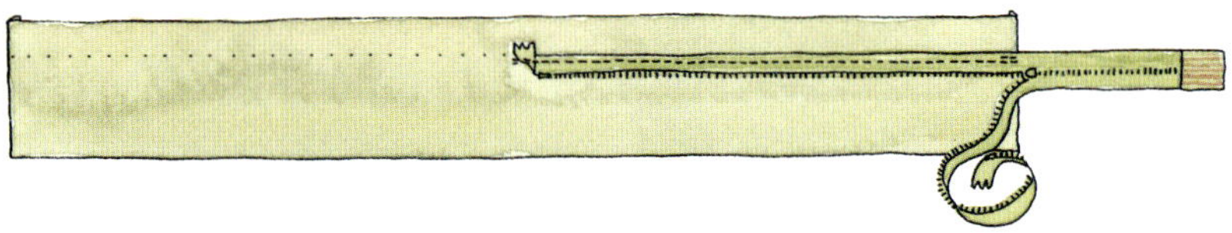
8

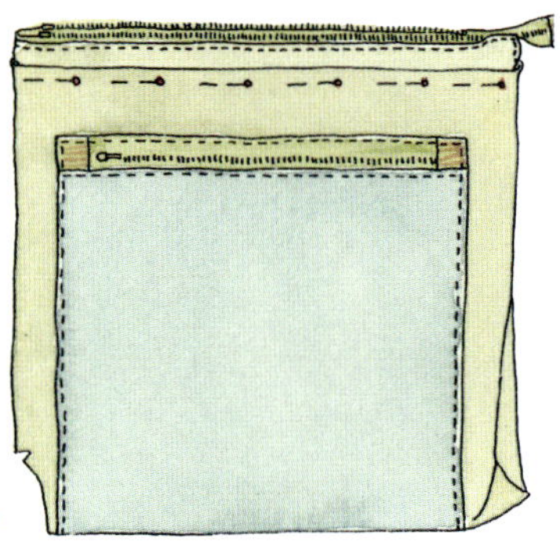
9

MOTIFS QUILTÉS

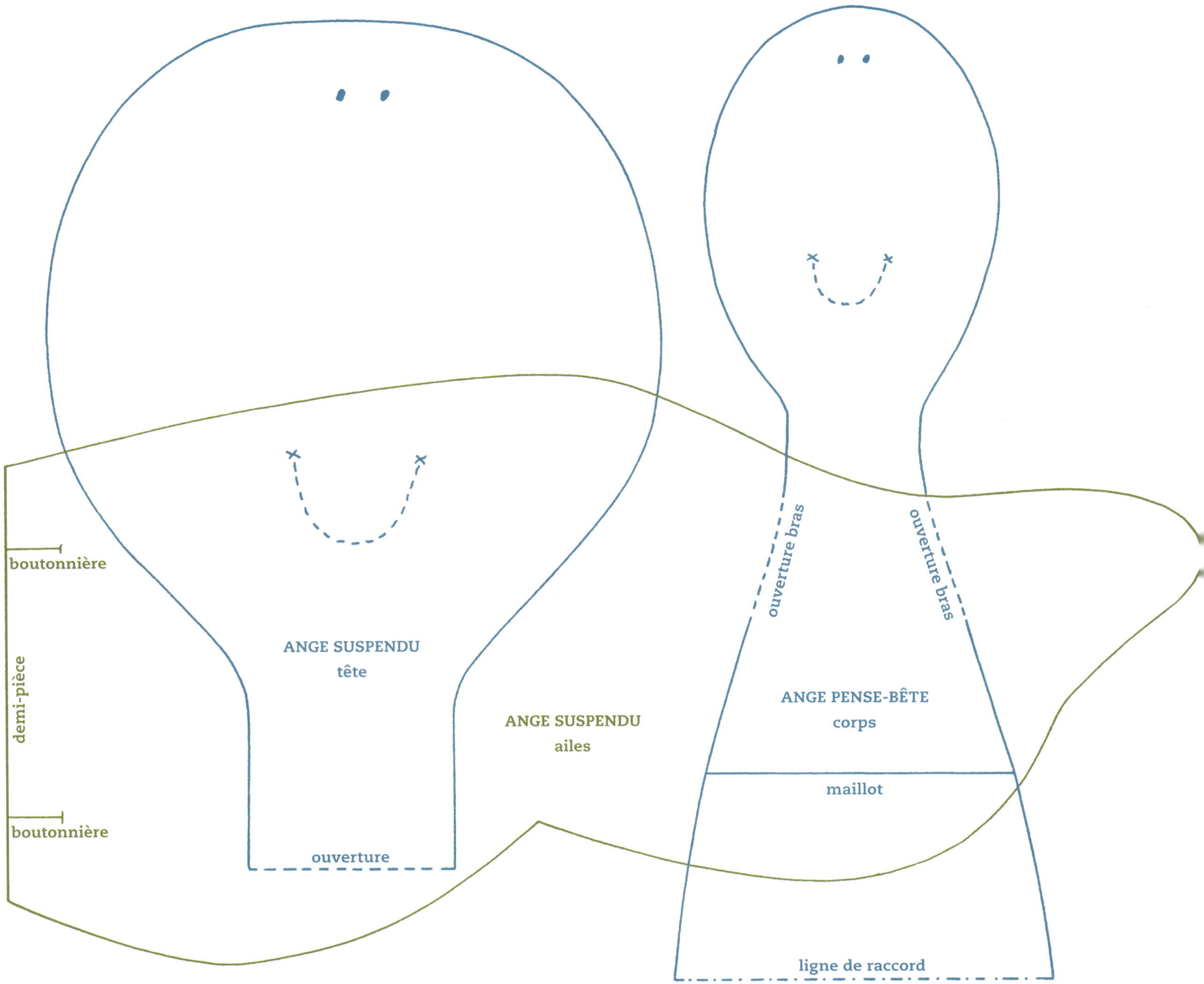

boutonnière
demi-pièce
boutonnière
ANGE SUSPENDU
tête
ouverture
ANGE SUSPENDU
ailes
ouverture bras
ouverture bras
ANGE PENSE-BÊTE
corps
maillot
ligne de raccord

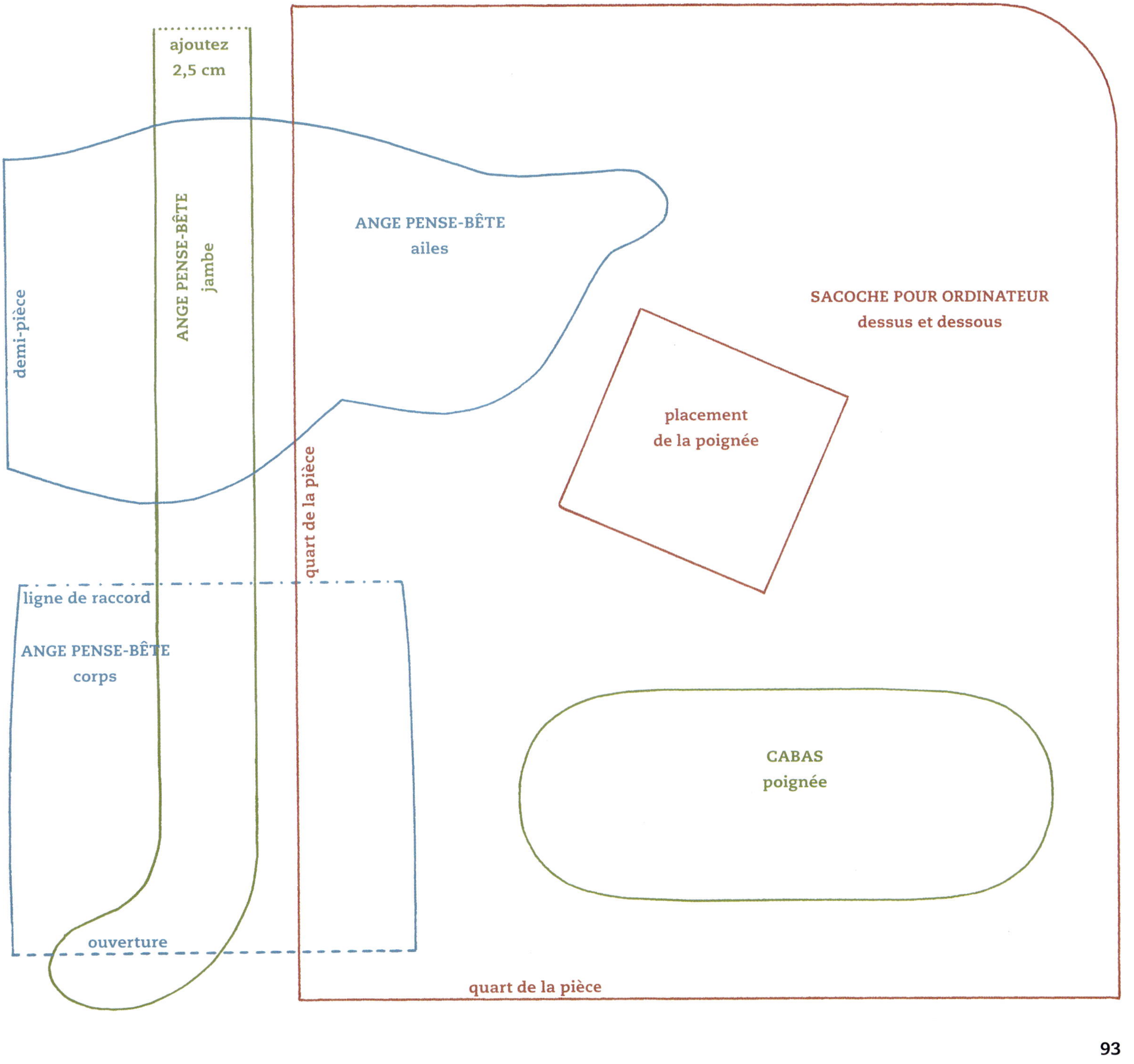
ajoutez
2,5 cm
ANGE PENSE-BÊTE
jambe
demi-pièce
ANGE PENSE-BÊTE
ailes
SACOCHE POUR ORDINATEUR
dessus et dessous
placement
de la poignée
quart de la pièce
ligne de raccord
ANGE PENSE-BÊTE
corps
CABAS
poignée
ouverture
quart de la pièce

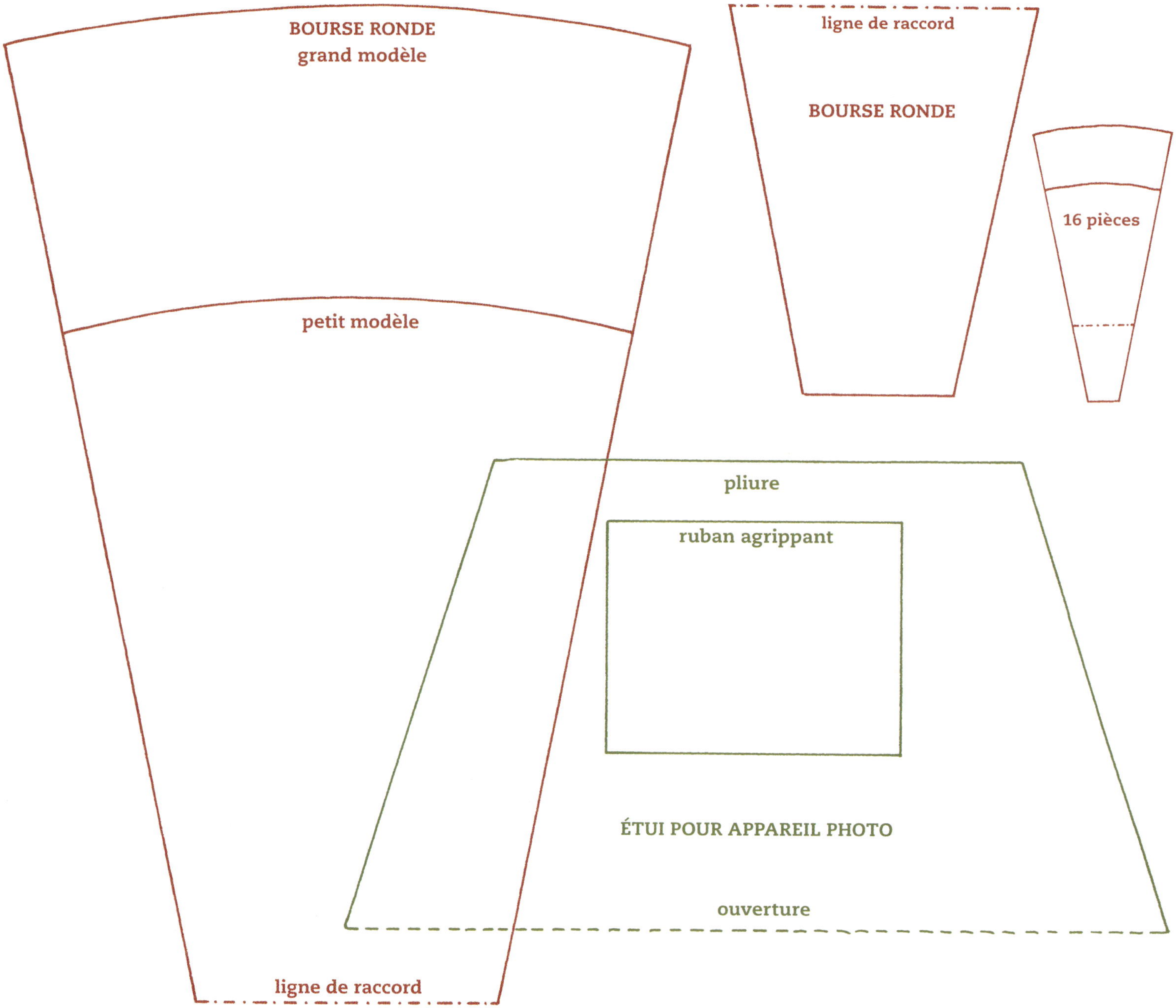
BOURSE RONDE
grand modèle
petit modèle
ligne de raccord
ligne de raccord
BOURSE RONDE
16 pièces
pliure
ruban agrippant
ÉTUI POUR APPAREIL PHOTO
ouverture

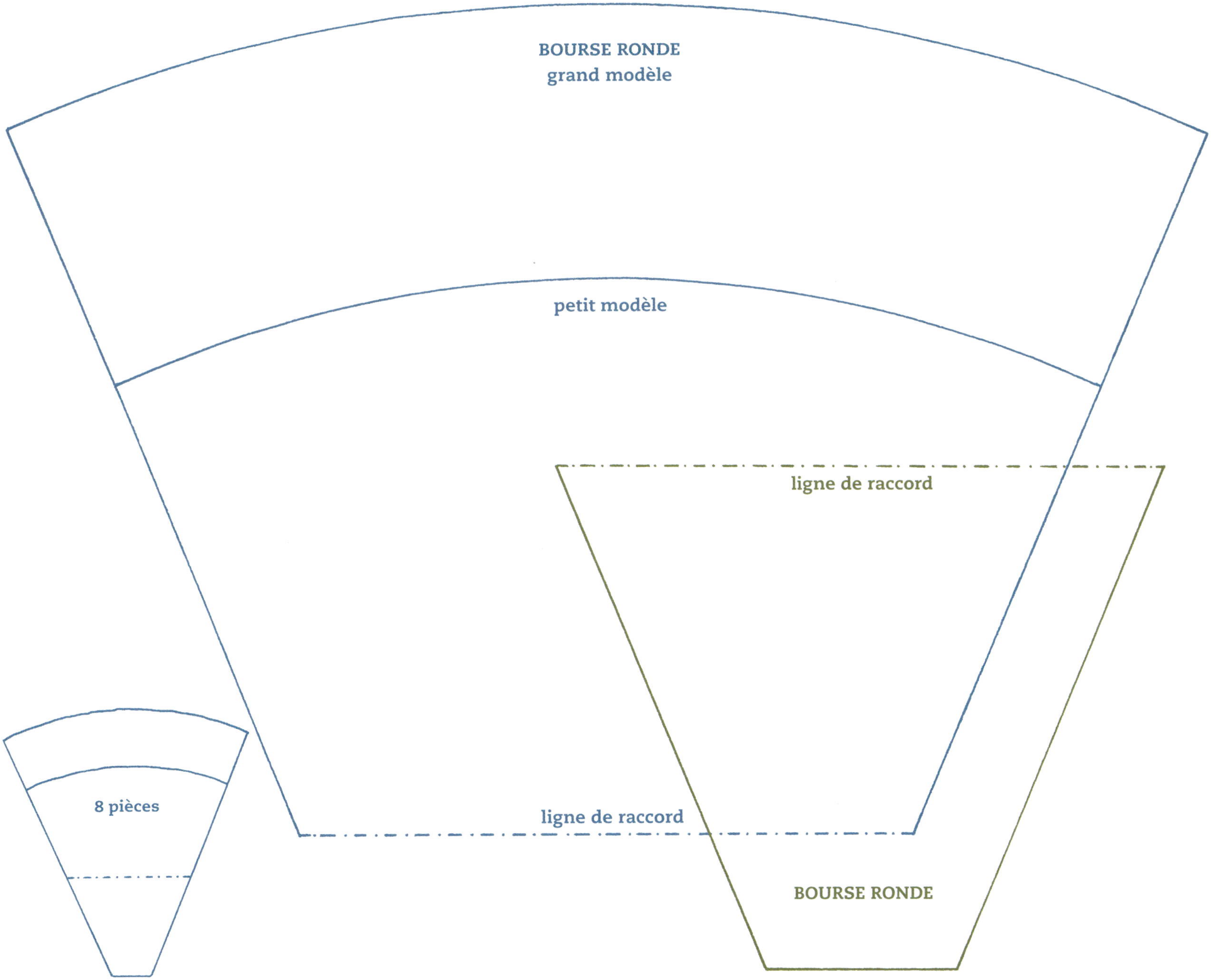
BOURSE RONDE
grand modèle
petit modèle
ligne de raccord
ligne de raccord
8 pièces
BOURSE RONDE

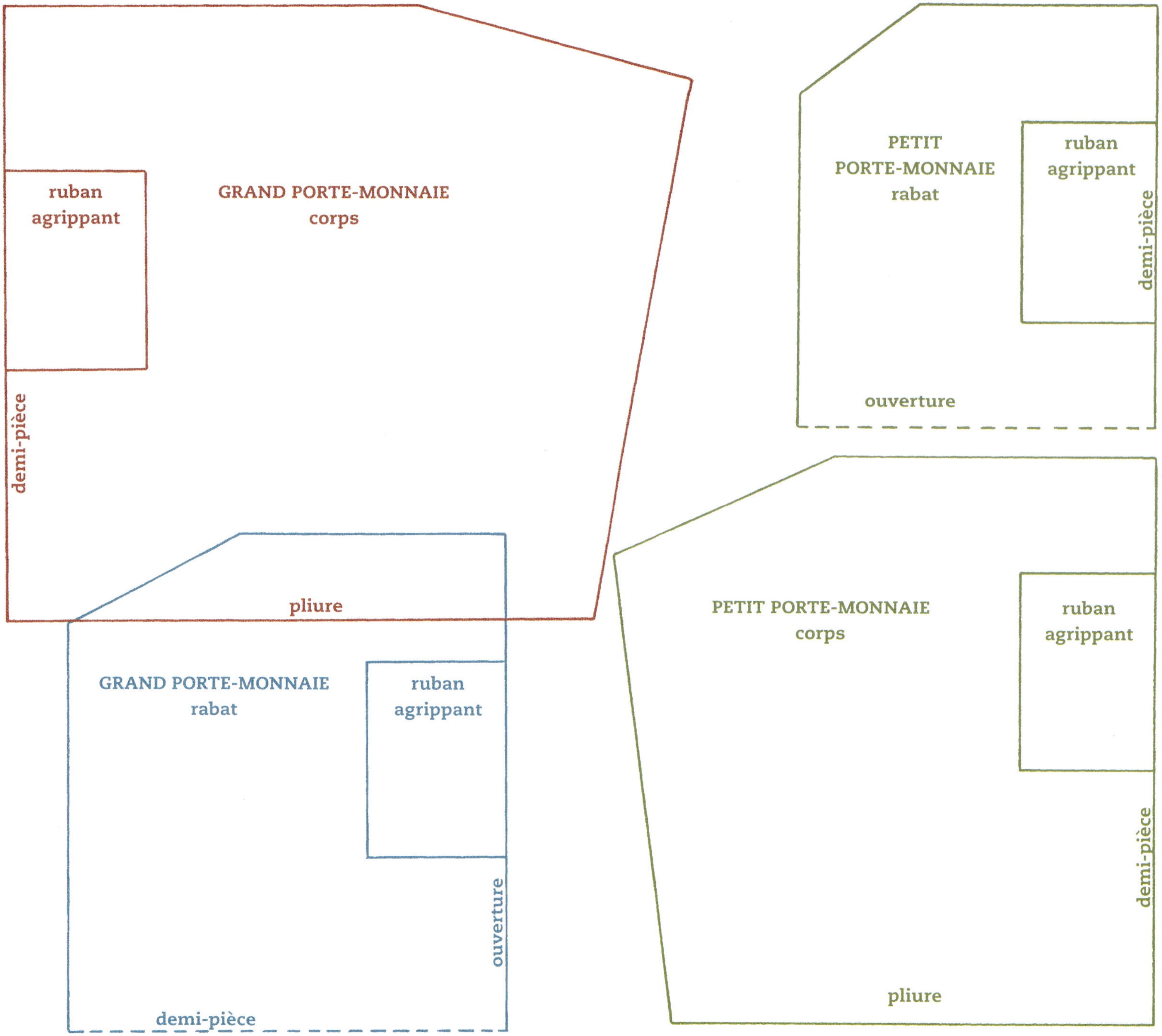
GRAND PORTE-MONNAIE
corps
ruban
agrippant
demi-pièce
pliure
GRAND PORTE-MONNAIE
rabat
ruban
agrippant
ouverture
demi-pièce
PETIT
PORTE-MONNAIE
rabat
ruban
agrippant
demi-pièce
ouverture
PETIT PORTE-MONNAIE
corps
ruban
agrippant
demi-pièce
pliure